JEAN RICHEPIN

LES MORTS
BIZARRES

ÉDITION DÉFINITIVE
ENTIÈREMENT REFONDUE, REVUE ET AUGMENTÉE

Constant Guignard. — La Chimre.
Juin, Juillet, Août. — L'Assassin au. — Un Empereur.
La petite amodé des cachots. — Georges la Sainte. — Un sujet de chronique.
*** de cœur. — La jambe de Fatma. — Un Major.
Madame du Brouillard. — Le même à la mère Antoine. — La Disséquée.
Chef-d'œuvre du crime. — Le chassepot du petit Jésus.
Bonjour Monsieur. — La machine à métaphysique.
— Desbouillères. —

PARIS
MAURICE DREYFOUS, ÉDITEUR
13, RUE DU FAUBOURG-MONTMARTRE, 13

Tous droits réservés.

LES
MORTS BIZARRES

F. AUREAU. — IMPRIMERIE DE LAGNY

JEAN RICHEPIN

LES

MORTS BIZARRES

ÉDITION DÉFINITIVE
REVUE, CORRIGÉE ET CONSIDÉRABLEMENT AUGMENTÉE

PARIS
MAURICE DREYFOUS, ÉDITEUR
13, rue du Faubourg-Montmartre, 13

Tous droits réservés

A MONSIEUR

MONSIEUR JACQUES RICHEPIN

AGÉ DE QUATORZE MOIS MOINS CINQ JOURS

Mon cher ami,

Si tu fais plus tard à ton père l'honneur de lire ses œuvres, il t'arrivera peut-être de ne point comprendre celle-ci comme il faut qu'elle soit comprise, et de te dire :

— Diable ! l'auteur de *Madame André*, qui est aussi le mien, avait des idées singulières sur les devoirs des parents envers leurs enfants.

Tu trouveras ici, en effet, une mère qui abandonne sa fille pour se sacrifier à un homme aimé, qui fait cela presque sans hésitation, qui n'en garde aucun remords, et qui cependant est présentée en fin de compte comme un être grand, sublime, et sympathique. Tu seras apparemment choqué de cette anomalie, et tout ce que pourra faire ton respect filial, ne voulant pas me déclarer monstrueux, ce sera de sourire en m'appelant fantaisiste.

Que tu dises l'une ou l'autre chose, tu auras tort, et je vais t'expliquer pourquoi.

A coup sûr madame André est une exception, et rare ; mais elle n'est ni un être chimérique, ni même un monstre. Toute mauvaise mère qu'elle puisse sembler, elle est mère néanmoins. Seulement, sa maternité est dévoyée.

Si elle préfère Lucien à sa fille, c'est que, des deux, Lucien est le plus faible, le plus enfant, le plus en péril dans le combat de la vie. Elle sent qu'abandonné il est perdu. Elle va du côté où son dévouement est nécessaire. Elle sacrifie, non pas son devoir à sa passion, mais un devoir à un autre devoir qui lui paraît plus impérieux. Elle immole un instinct en holocauste à une idée. Forcément, étant héroïque, elle sort de la loi ordinaire, de la bonne loi naturelle, qui répugne à ces subtilités de sentiment. Selon cette loi, les martyrs sont inexplicables, le sublime est chose anormale, même absurde. Au regard de la philosophie courante, le vieil Horace et son « *qu'il mourût* », font horreur.

— Soit ! penseras-tu. Alors, admettons que madame André soit un monstre sublime ; mais elle n'en est pas moins chimérique. Ces êtres-là sont des rêves de poète, et ne vivent que dans l'imagination qui les a conçus.

Non. Ils sont rares, je le répète. Pourtant, ils ne sont pas introuvables. Et même, sans aller fouiller les annales de l'humanité, dont les héros peuvent être taxés de folie par le bon sens, il y a moyen de rencontrer, en pleine nature animale, des modèles de cette maternité dévoyée.

Tu verras parfois, à la campagne, dans les basses-cours, des poules à qui l'on fait couver des œufs de canard. Je ne pense pas que chez beaucoup de bêtes l'instinct maternel soit plus fort que chez la poule. Timide, peureuse, effarée pour un rien, la poule, en devenant mère, prend une bravoure extravagante. Elle tient tête aux chiens, aux gens. Elle affronte tout pour ses poussins. Eh bien ! la poule qui a couvé des poussins et des canetons, quand elle voit ceux-ci barboter dans les mares, abandonne ses poussins tant aimés, et ne s'occupe plus que des petits étrangers, qu'elle croit en péril.

Cette poule, c'est une façon de madame André.

Mais, à quoi bon discuter plus longtemps? Au fond, il y a une chose dont je demeure parfaitement d'accord : c'est que, malgré tous les commentaires, toutes les exclamations possibles, madame André est une exception. Et il y a une autre chose encore que je reconnais : c'est qu'il est préférable, en art, et plus simple, et plus beau, peut-être, de s'attaquer à la vérité de tous les jours, et de la faire vivre avec intensité.

C'est plus fructueux, en tous cas ; car on est plus vite et plus aisément compris. Si Shakespeare n'avait écrit que *Hamlet*, il ne serait apprécié que de quelques-uns. Or, pour faire œuvre grande, il faut pouvoir être goûté de tous. Le génie, en somme, consiste probablement à exprimer les choses banales d'une façon originale, et à fixer la vie courante dans une forme définitive.

Mais alors, pourquoi n'avoir point corrigé *Madame André*, et ne l'avoir pas ramenée à des proportions plus humaines?

Pourquoi? Parce que c'était la refaire, et parce qu'il ne faut rien refaire.

Tu t'apercevras, en grandissant, qu'on change sans cesse de point de vue. A chaque âge, on regarde d'une façon particulière. Il est impossible de s'arrêter en un lieu précis et de se dire:

— Voilà l'optique que j'adopte immuablement.

Tout ce qu'on doit faire, c'est de traduire avec sincérité ce que l'on voit, et comme on voit. Revenir cinq ans après sur le tableau, folie! On ne le corrige pas; on le fausse. Il était jadis éclairé en rouge. On a maintenant des lunettes bleues. Quel gâchis, si l'on veut retoucher à ce rouge à travers ce bleu. Suffit qu'il ait été vrai quand on l'a produit. Il l'est encore, sinon pour vous qui avez changé d'horizon ou de lunettes, au moins pour ceux qui ont à présent l'âge que vous aviez alors.

On ne se baigne pas deux fois dans les mêmes flots, dit Héraclite. Mais ce qu'il ne dit pas, c'est que d'autres se baignent dans les flots où vous avez passé.

Voilà pourquoi j'ai laissé *Madame André* telle quelle.

Non, on ne récrit pas son œuvre; on en écrit une autre. Et c'est précisément ce que j'ai fait.

Bien sûr qu'aujourd'hui, mon cher enfant, si j'avais l'idée de ce livre, je ne pourrais concevoir cette mère abandonnant sa fille. Je sais à présent, et j'ai senti, des choses que j'ignorais naguère. Je sais par quelles attaches un enfant vous tient au cœur, à la chair, aux fibres, aux moelles, et quelle place énorme prend dans l'existence des parents ce rien du tout que tu es.

Aujourd'hui, l'idée ne me viendrait même pas de cette mère au sentiment dévoyé, assez héroïque et sublime pour étouffer en soi l'instinct de la maternité naturelle. Aujourd'hui, au contraire, la mère m'apparaît tout entière vouée et dévouée à son petit, sans aucune raison admissible de se sacrifier à quoi que ce soit qu'à lui, sans aucune grandeur possible autre que celle d'être une mère, simplement, bestialement.

Et l'idée m'est venue, alors, de Marie-des-Anges.

Celle-ci, que tu verras dans *la Glu*, ce n'est pas une civilisée, une raffinée d'héroïsme, une âme haute jusqu'au sublime monstrueux. C'est une mère, tout bonnement, presque une brute, butée à cette pensée unique, que son gars est en péril et qu'elle doit le sauver. Ne lui parlez pas d'autre chose. Elle ne comprend que cela, ne voit que cela, ne sent que cela. Elle tue pour le défendre. Héroïque aussi, d'ailleurs, et grande, et belle, si du moins j'ai pu la rendre comme je l'ai conçue. Grande et superbe, en vérité, si j'ai su traduire simplement cet instinct farouche de la mère pour son petit ! Car nous avons beau faire, tas de raisonneurs que nous sommes, orgueilleux de notre raison, chercheurs de subtilités sublimes, abstracteurs de quintessence héroïque ; nous avons beau imaginer du grand, rien n'est encore plus grand, plus héroïque, plus sublime, que le cri de la nature, même animale ; et toutes les *Portia* du monde, les *Cornélie*, les prononceurs de « *qu'il mourût* », tout cela est de la bien petite bière à côté d'une pauvre femme en coiffe qui sauve son enfant de la mort et qui sanglote en l'embrassant, et qui dit :

— Mon pau' p'tit gas ! mon pau' p'tit gas !

Toutefois, et je reviens ainsi à mes moutons, on ne pense pas de la sorte quand on débute dans la vie. Grisé de raison et de raisonnement, on ne va pas tout d'abord à cette eau claire de la nature. On préfère les exceptions, les outrances, les imaginations bizarres. On aime l'étrange dans les sentiments, comme le précieux dans le style. On commence par être compliqué en tout. C'est à cet âge-là que j'ai fait *Madame André*, et je ne la renie point, sûr qu'elle plaira aux gens de cet âge-là. Aussi ne l'ai-je pas retouchée.

Maintenant, j'en suis arrivé à une esthétique plus simple. Je cherche moins la rhétorique, la subtilité de psychologie. Je préfère au sublime « *qu'il mourût !* » le vulgaire « mon pau' p'tit gas ! »

Mais, pour en arriver là, il faut avoir soi-même un p'tit gas, et je te remercie, mon cher enfant, d'avoir été mon professeur en cette esthétique nouvelle. Les autres, vois-tu bien, ressemblent à celle-là, comme nos alcools fabriqués ressemblent au lait que tu humes si joyeusement.

N'empêche que certains alcools fabriqués ont aussi leur charme. Je ne veux pas être exclusif, et je ne crois à l'absolu en rien.

Et voilà pourquoi tu liras *Madame André*, si tu la lis, telle que je l'ai écrite à vingt-cinq ans, et non telle que je la pourrais faire à trente, ou à cinquante.

Donc, à ta santé mon fieu, ce verre de fine champagne un peu alambiquée, tandis que tu te soûles, toi, à tes deux flacons de nature !

JEAN RICHEPIN.

Paris, 15 mai 1881.

CONSTANT GUIGNARD

A Maurice Bouchor

I

A l'action ! au mal ! le bien reste ignoré.
A. DE MUSSET.

Les époux Guignard, mariés par amour, désiraient passionnément un fils. Comme si ce petit être tant souhaité voulait hâter l'accomplissement de leurs vœux, il vint au monde avant terme. Sa mère en mourut ; et son père, ne pouvant supporter cette mort, se pendit de désespoir.

.˙.

Constant Guignard eut une enfance exemplaire mais malheureuse. Il passa son temps de collège à faire des pensums qu'il ne méritait pas, à recevoir des coups destinés à d'autres, et à être malade les jours de grande composition. Il finit ses études avec la réputation d'un cafard et d'un cancre. Au baccalauréat, il fit la version latine de son voisin, qui fut reçu, tandis que lui-même était expulsé des examens pour avoir copié.

*
* *

De si malencontreux débuts dans la vie eussent rendu mauvaise une nature ordinaire. Mais Constant Guignard était une âme d'élite, et, persuadé que le bonheur est la récompense de la vertu, il résolut de vaincre la mauvaise fortune à force d'héroïsme.

Il entra dans une maison de commerce qui brûla le lendemain. Au milieu de l'incendie, comme il voyait son patron désolé, il se jeta dans les flammes pour sauver la caisse. Les cheveux grillés, les membres couverts de plaies, il parvint au péril de sa vie à enfoncer le coffre-fort et à en retirer toutes les valeurs.

Mais le feu les consuma dans ses mains. Quand il sortit de la fournaise, il fut appréhendé au collet par deux sergents de ville; et un mois après on le condamnait à cinq ans de prison pour avoir essayé de s'approprier, à la faveur d'un incendie, une fortune qui ne courait aucun danger dans un coffre-fort incombustible.

.·.

Une révolte eut lieu dans la maison centrale où il était. En voulant secourir un gardien attaqué, il lui passa un crôc-en-jambe et le fit massacrer par les rebelles. Du coup on l'envoya pour vingt ans à Cayenne.

Fort de son innocence, il s'évada, revint en France sous un autre nom, pensa qu'il avait dépisté la fatalité et se remit à faire le bien.

.·.

Un jour, dans une fête, il vit un cheval emporté qui entraînait une voiture droit dans le fossé du rempart. Il se jette à la tête du cheval, a le poignet tordu, la jambe cassée, une côte enfoncée, mais réussit à empêcher la chute inévitable. Seulement, l'animal rebrousse chemin, et va s'abattre au milieu de la foule, où il écrase un vieillard, deux femmes et trois enfants. Il n'y avait personne dans la voiture.

.·.

Dégoûté cette fois des actes d'héroïsme, Constant Guignard prit le parti de faire le bien humblement et se consacra au soulagement des misères obscures. Mais l'argent qu'il portait à de pauvres ménagères était dépensé au cabaret par leurs maris; les tricots qu'il distribua à des ouvriers habitués au froid leur firent attraper des fluxions de poitrine; un chien errant qu'il recueillit donna la rage à six personnes du quartier; et le remplaçant militaire qu'il acheta pour un jeune homme intéressant vendit à l'ennemi les clefs d'une place forte.

.·.

Constant Guignard pensa que l'argent fait plus de mal que de bien et qu'au lieu d'éparpiller sa philanthropie, il valait mieux la concentrer sur un seul être. Il adopta donc une jeune orpheline qui n'était point belle, mais qui était douée des qualités les plus rares et qu'il éleva avec toutes les tendresses d'un père. Hélas ! il fut si bon, si dévoué, si aimable pour elle, qu'un soir elle se jeta à ses pieds et lui confessa qu'elle l'aimait. Il essaya de lui faire comprendre qu'il l'avait toujours considérée comme sa fille, et qu'il se croirait coupable d'un crime en cédant à la tentation qu'elle lui offrait. Il lui démontra paternellement qu'elle prenait pour de l'amour l'éveil de ses sens, et il lui promit d'ailleurs qu'il obéirait à cet avertissement de la nature en lui cherchant au plus vite un époux digne d'elle. Le lendemain, il la trouva couchée en travers de sa porte, un couteau dans le cœur.

.˙.

Du coup, Constant Guignard renonça à son rôle de petit manteau bleu, et se jura que dorénavant, pour faire le bien, il se contenterait d'empêcher le mal.

A quelque temps de là, il fut mis par le hasard sur la piste d'un crime qu'un de ses amis allait commettre. Il aurait pu le dénoncer à la police; mais il aima mieux tenter d'entraver le crime sans perdre le criminel. Il se mêla donc intimement à l'action qui se préparait, parvint à en saisir tous les fils, et attendit le moment précis de tout déjouer en arrangeant tout. Mais le coquin qu'il voulait ménager vit clair dans son jeu, et combina l'affaire de telle sorte que le crime fut commis, le criminel sauvé, et Constant Guignard arrêté.

⁂

Le réquisitoire du procureur général contre Constant Guignard fut un chef-d'œuvre de logique. Il rappela toute la vie de l'accusé, son enfance déplorable, ses punitions, son expulsion des examens, l'audace de sa première tentative de vol, sa complicité odieuse dans la révolte de la maison centrale, son évasion de Cayenne, son retour en France sous un faux nom. A partir de ce moment surtout, l'orateur atteignit le plus haut degré de l'éloquence judiciaire. Il stigmatisa cet hypocrite de bonté, ce corrupteur de ménages honnêtes, qui pour assouvir ses passions envoyait les maris au cabaret boire son argent, ce faux bienfaiteur qui cherchait par des présents nuisibles à capter une popularité malsaine, ce monstre caché sous le manteau d'un philanthrope. Il approfondit avec horreur la perversité raffinée de ce scélérat qui recueillait des chiens enragés pour les lâcher sur le monde, de ce démon, aimant le mal pour le mal, qui risquait de se faire estropier en arrêtant un cheval emporté, et pourquoi? pour avoir l'épouvantable jouissance de le voir se ruer dans la foule et écraser des vieillards, des femmes, de pauvres petits enfants. Ah! un tel misérable était capable de tout! Sans nul doute il avait commis bien des crimes qu'on ne connaîtrait jamais. Il y avait mille raisons de croire qu'il avait été complice de ce remplaçant acheté par lui pour trahir la France. Quant à cette orpheline qu'il avait élevée et qu'on avait trouvée un matin tuée à sa porte, quel autre que lui pouvait l'avoir assassinée? Ce meurtre était à coup sûr l'épilogue sanglant d'un de ces drames infâmes faits de honte, de débauche et de fange qu'on ose à peine remuer. Après tant de forfaits il n'était même pas besoin de s'appesantir sur le dernier crime. Ici, malgré les dénégations impudentes de l'accusé, il y avait évidence absolue. Il fallait donc condamner cet homme avec toutes les rigueurs de la loi. On punissait justement, et on ne saurait trop punir. On avait affaire non seulement à un grand criminel, mais à un de ces génies du crime, à un de ces monstres de malice et d'hypocrisie qui font presque douter de la vertu et désespérer de l'humanité.

Devant un pareil réquisitoire, l'avocat de Constant Guignard ne pouvait plaider que la folie. Il le fit de son mieux, parla de cas pathologiques, disserta savamment sur la *névrose du mal*, représenta son client comme un monomane irresponsable, comme une sorte de Papavoine inconscient, et conclut en disant que de telles anomalies se traitaient à Charenton plutôt que sur la place de la Roquette.

Constant Guignard fut condamné à mort à l'unanimité.

.·.

Des hommes vertueux que la haine du crime

rendait féroces, furent transportés de joie et crièrent bravo.

.˙.

La mort de Constant Guignard fut comme son enfance, exemplaire mais malheureuse. Il monta sur l'échafaud sans peur et sans pose, la figure tranquille comme sa conscience, avec une sérénité de martyr que tout le monde prit pour une atonie de brute. Au moment suprême, sachant que le bourreau était pauvre et père de famille, il lui annonça doucement qu'il lui avait légué toute sa fortune, si bien que l'exécuteur ému s'y reprit à trois fois pour couper le cou de son bienfaiteur.

.˙.

Trois mois plus tard, un ami de Constant Guignard apprit en revenant d'un lointain voyage la triste fin de cet honnête homme dont il connaissait seul les mérites. Pour réparer autant qu'il le pouvait l'injustice du sort, il acheta une concession à perpétuité, commanda une belle tombe en marbre et écrivit une épitaphe pour son ami. Il mourut le lendemain d'un coup de sang. Néanmoins, les frais ayant été payés d'avance, le guillotiné eut son sépulcre. Mais l'ouvrier chargé de graver l'épitaphe prit sur lui de corriger une lettre mal formée sur le manuscrit. Et le pauvre homme de bien, méconnu pendant sa vie, gît dans la mort avec cette épitaphe à perpétuité :

CI-GÎT CONSTANT GUIGNARD
HOMME DE RIEN.

LA UHLANE

A Michel de l'Hay

I

> The blood-red blossom of war with a hearth of fire.
> TENNYSON.

C'était après la déroute de Bourbaki dans l'Est. L'armée avait dû se jeter en Suisse, décimée, disloquée, épuisée, après cette épouvantable campagne dont la brièveté seule sauva cent cinquante mille hommes d'une mort certaine. La faim, le froid terrible, les étapes forcées sans souliers et dans la neige, par les affreux chemins de montagne, nous avaient plus particulièrement fait souffrir, nous autres francs-tireurs, qui allions en enfants perdus, sans tentes, sans distributions, toujours aux avant-postes quand on marchait vers Belfort, toujours à l'arrière-garde en revenant par le Jura. De notre petite troupe, forte de douze cents hommes au 1ᵉʳ janvier, il ne restait que vingt-deux malheureux, hâves, amaigris, déguenillés, quand nous pûmes enfin mettre le pied sur le territoire suisse.

Là, ce fut le salut, le repos. On sait quelle sympathique bonté fut témoignée à la pauvre armée française et de quels soins on nous entoura. Chacun se reprit à la vie; et ceux qui, avant la guerre, étaient des riches et des heureux, avouèrent que jamais bien-être ne leur avait paru plus doux que celui-ci. Songez donc ! on mangeait maintenant tous les jours et on dormait toutes les nuits.

Cependant la guerre continuait en France, dans tout l'Est qui avait été excepté de l'armistice. Besançon tenait encore l'ennemi en respect, et celui-ci s'en vengeait en ravageant la Franche-Comté. Parfois nous apprenions qu'il s'était approché tout près de la frontière, et nous voyions partir les troupes suisses qui devaient former entre lui et nous un cordon de surveillance.

A la longue, cela nous fit mal au cœur; et comme la santé et la force nous revenaient, nous eûmes bientôt la nostalgie du combat. C'était honteux et irritant de savoir là, à trois lieues de nous, dans notre malheureux pays, les Prussiens vainqueurs et insolents, de nous voir protégés par notre captivité, et de nous sentir par elle impuissants contre eux.

Un jour, notre capitaine nous prit à part, cinq ou six, et nous parla longtemps et furieusement de cela. C'était un fier gaillard que ce capitaine ! Ancien sous-officier de zouaves, grand, sec, dur comme l'acier, fin comme l'ambre, il avait durant toute la campagne, donné, comme on dit, du fil à retordre aux Prussiens. Il se rongeait dans le repos, et ne pouvait s'habituer à cette idée qu'il était prisonnier et qu'il n'avait plus rien à faire.

— Tonnerre de Dieu ! nous dit-il, est-ce que cela ne vous fait rien à vous, d'entendre dire comme cela qu'il y a à deux heures d'ici des *zurlans* (il prononçait toujours ainsi le mot uhlans)? Cela ne vous remue rien dans le ventre, de savoir que ces gueux-là se promènent en maîtres dans nos montagnes, où cinq hommes bien déterminés pourraient en tuer une brochette tous les jours? Moi, je ne peux y tenir, il faut que j'y aille.

— Mais, capitaine, comment y aller ?

— Comment? C'est si difficile ! Comme si nous

n'avions pas joué plus d'un bon tour depuis six mois ! Comme si nous n'étions pas sortis de bien des bois autrement gardés que la Suisse ? Le jour où vous voudrez passer en France, moi je m'en charge.

— Oui, passer peut-être ; mais qu'est-ce que nous y ferons, en France, sans armes ?

— Sans armes ? Nous en prendrons là-bas, parbleu !

— Vous oubliez le traité, objecta un autre ; nous risquons de faire arriver malheur aux Suisses, si Manteuffel apprend qu'ils ont laissé rentrer des prisonniers en France.

— Allons, dit le capitaine, tout cela c'est de mauvaises raisons. Moi je veux aller tuer des Prussiens, je ne vois que cela. Vous ne voulez pas faire comme moi, bon ! Dites-le tout de suite. J'irai bien tout seul ; je n'ai besoin de personne.

Naturellement, on se récria, et comme il fut impossible de faire changer d'avis au capitaine, il fallut bien lui promettre d'aller avec lui. Nous l'aimions trop pour le quitter, lui qui ne nous avait jamais fait défaut, en quelque occasion que ce fût. L'expédition fut décidée.

II

Le capitaine avait son plan, qu'il ruminait depuis quelque temps déjà. Un homme du pays, qu'il connaissait, lui prêta un voiture et cinq vêtements de paysan. Dans les deux coffres du véhicule, deux de nous se blottirent, on mit par dessus de la paille, et on chargea le tout de fromage de Gruyères qu'on était censé aller vendre en France. Le capitaine dit aux sentinelles qu'il emmenait avec lui deux amis pour protéger sa marchandise en cas de vol, et cette précaution ne parut pas extraordinaire. Un officier suisse eut l'air de regarder la voiture d'un air malin. C'était pour imposer à ses soldats. En somme, officier et soldats n'y virent que du feu.

— Hue ! Dia ! criait le capitaine en faisant claquer son fouet. Puis nos trois hommes parlaient en patois, fumant tranquillement leur pipe. Moi j'étouffais dans mon coffre où l'air n'entrait que par des trous sur le devant, en même temps j'y gelais, car il faisait un rude froid.

— Hue! Dia! criait le capitaine, et la voiture de Gruyères entra en France.

Les lignes prussiennes étaient fort mal gardées, l'ennemi se fiant à la surveillance des Suisses. Le sergent prussien parlait l'allemand du Nord. Notre capitaine parlait l'allemand corrompu des Quatre Cantons. Ils ne se comprenaient pas. Le sergent fit l'entendu, et, pour faire croire qu'il comprenait, nous laissa continuer notre route.

Après sept heures de ce voyage bizarre, nous arrivions de nuit dans un petit village ruiné du Jura.

Qu'allions-nous faire? Nous n'avions pour armes que le fouet du capitaine, pour vêtements que nos vareuses de paysans, pour nourriture que nos fromages de Gruyères. Notre seule richesse consistait en munitions, en paquets de cartouches, que nous avions fourrés dans le ventre de quelques grosses meules de fromage. Nous possédions environ mille coups à tirer, soit deux cents chacun; mais il nous fallait des fusils, et même des chassepots.

Heureusement, le capitaine était inventif et hardi. Voici ce qu'il imagina.

Tandis que nous restions à trois, cachés dans une cave du village abandonné, il continua son chemin avec la voiture vide et un homme jusqu'à Besançon. La ville était investie; mais on peut toujours entrer dans une ville de montagne, en suivant les plateaux jusqu'à environ cinq lieues des murs, et en prenant alors à pied les sentiers et les ravins. Ils laissèrent la voiture à Ornans, au milieu des Prussiens, et en détalèrent la nuit, pour aller prendre les hauteurs qui bordent le Doubs. Ils entrèrent le lendemain à Besançon.

Là les chassepots ne manquaient point. Il y en avait encore 40,000 à l'arsenal; et le général Roland, un brave marin, souriant au projet téméraire du capitaine, lui fit donner six fusils et lui souhaita bonne chance. Le capitaine avait aussi trouvé là sa femme qui avait, avant la campagne de l'Est, fait toute la guerre avec nous, et que la maladie seule avait empêchée de continuer avec l'armée de Bourbaki. Elle était remise de ses fatigues, et, malgré le froid de plus en plus cruel, malgré les privations sans nombre qui l'attendaient, elle voulut à toute force repartir avec son mari. Il dut lui céder, et ils se mirent tous trois en route, lui, sa femme et notre camarade.

L'aller n'avait rien été comparativement au retour ; il fallait voyager la nuit, et éviter toute rencontre, maintenant que la possession de six fusils les rendait suspects. Et pourtant, huit jours seulement après nous avoir quittés, le capitaine et ses deux *hommes* étaient auprès de nous. Notre campagne commença.

III

La première nuit de son arrivée, il l'entama lui-même. Sous prétexte d'aller tâter le terrain, il descendit à la grande route.

Il faut vous dire que le village, qui nous servait de forteresse, était un petit amas de maisons mal bâties, pauvres, et depuis longtemps abandonnées. C'est sur un escarpement raide qui se termine en plateau boisé. Les gens du pays débitent ce bois, et le font glisser par gros quartiers le long des ravines en pente droite qu'on nomme *coulées* et qui mènent à la plaine ; là ils en forment des tas qu'ils vendent à des entrepreneurs deux fois l'an. Le lieu du marché est marqué par deux maisonnettes qui donnent sur la grande route et qui servent d'auberges. C'est là qu'était descendu le capitaine par une des *coulées*.

Il était parti depuis une demi-heure environ, et nous étions aux aguets en haut de la ravine, quand nous entendîmes un coup de feu. Le capitaine nous avait donné l'ordre de ne point bouger, et de venir seulement au son de sa trompe. Cette sorte de corne à bouquin, qu'on entendait d'une lieue, ne sonna pas; et malgré notre cruelle inquiétude, nous dûmes attendre en silence, l'arme au pied.

Descendre une *coulée* n'est rien; on n'a qu'à se laisser glisser. La remonter est plus dur; il faut grimper en s'accrochant aux branches d'arbres traînantes, à quatre pattes, comme qui dirait à la force des poignets. Une heure mortelle se passa; il n'arrivait pas; rien ne remuait sous les taillis. La femme du capitaine commençait à s'impatienter. Que pouvait-il faire? Pourquoi n'appelait-il pas? Le coup de feu entendu venait-il d'un ennemi, et avait-il tué ou blessé notre chef, son mari? On ne savait que supposer.

A part moi, je pensais, ou qu'il était mort, ou que son affaire allait bien. J'étais seulement anxieux et curieux de savoir ce qu'il avait fait.

Tout à coup un son de trompe nous arriva, vibrant et sec. Mais nous restâmes surpris. Au lieu de venir d'en bas, comme nous l'attendions, il venait du village derrière nous. Que signifiait ceci ? Mystère ! Nous eûmes tous la même idée : c'est que le capitaine avait été tué, et que les Prussiens sonnaient ainsi avec sa trompe pour nous attirer dans un piège.

Nous revînmes donc vers les maisons, pas à pas, l'œil au guet, le doigt sur la gâchette, en nous cachant sous les branches.

Seule, la femme du capitaine, malgré nos prières, s'élança en avant comme une tigresse, en bondissant. Elle croyait avoir son mari à venger, et avait mis la baïonnette au bout du canon. Nous la perdîmes de vue au moment où un second appel retentissait.

Quelques minutes après, nous l'entendîmes nous crier :

— Arrivez ! arrivez ! il est vivant ! c'est lui !

Nous pressâmes le pas, et nous vîmes en effet, à l'entrée du village, le capitaine qui fumait sa pipe ; mais, ce qui nous sembla étrange, il était à cheval.

— Eh ! eh ! nous dit-il, vous voyez bien qu'il y a quelque chose à faire par ici. Me voici déjà monté ; j'ai dégotté là-bas un *zurlan*, et j'ai pu prendre son cheval. Figurez-vous qu'il y en avait dans l'auberge tout une petite bande. Ils gardent probablement la grande route, mais c'est en buvant et godaillant à gogo. Je me suis approché au son de leurs voix. L'un d'eux, de sentinelle à la porte, n'eut pas le temps de me voir, que je lui flanquai un berlingot dans la paillasse; puis, avant que les autres fussent là, je sautais à cheval et filais comme un dard. Ils ont voulu me suivre à huit ou dix, que je crois ; mais j'ai attrapé les chemins de traverse, sous le fourré; je me suis un peu déchiré, et me voici. Je suis venu par le tournant de la Croix-Verte, vous savez bien, en prenant le village à revers. Maintenant, mes lapins, attention et gare ! Ces brigands-là n'auront plus de cesse qu'ils ne nous aient trouvés, il faut les recevoir à bons coups de fusil. Allons ! à nos postes !

Nous voilà en observation. Un de nous s'installe seul, en sentinelle perdue, en grand'garde pour ainsi dire, au tournant de la Croix-Verte; c'est encore loin du village. Je suis placé à l'entrée même de la grande rue, du côté où le chemin du plat pays arrive aux maisons. Les deux autres, le capitaine et sa femme étaient au milieu du village, près de l'église, dont le petit clocher servait d'observatoire et de citadelle.

Nous n'étions pas là depuis longtemps, quand nous entendons un coup de feu, suivi d'un, puis deux, puis trois. Le premier est évidemment un chassepot; cela s'entend au crachement sec de la détonation qui ressemble à un coup de fouet. Les trois autres viennent des pistolets-carabines dont se servent les uhlans.

Le capitaine est furieux. Il avait donné l'ordre au poste avancé de la Croix-Verte de laisser passer l'ennemi, de le suivre seulement de loin s'il marchait vers le village, et de venir me rejoindre quand la petite troupe serait bien engagée dans les maisons. Alors, on devait se montrer tout à coup, prendre la patrouille entre deux feux et n'en pas laisser échapper un seul homme. A six, nous faisions une sorte de mouvement tournant et aurions entouré même dix Prussiens au besoin.

— Sacré Piédelot, disait le capitaine, ce bougre-là vient de leur donner l'éveil, et ils n'oseront plus s'avancer à l'aveuglette. Et puis lui, je suis sûr qu'il s'est fait mettre une prune dans quelque membre; on ne l'entend ni appeler, ni riposter. C'est bien fait, il n'avait qu'à obéir.

Puis, après un moment, il grommelait dans sa barbe : — Ce pauvre garçon tout de même, il est si brave! et il tire si bien!

Le capitaine avait raison dans ses prévisions. Nous attendîmes jusqu'au soir, sans voir les uhlans. Ils s'étaient retirés à la première attaque. Malheureusement, nous n'avions pas vu non plus Piédelot. Était-il prisonnier? ou mort? La nuit venue, le capitaine proposa d'aller à la découverte. Nous partîmes à trois. Au tournant de la Croix-Verte il y avait du sang, un fusil brisé; le sol était piétiné; on s'était rudement battu là. Mais il n'y avait ni blessé ni cadavre. Nous nous mîmes à battre tous les buissons d'alentour. Rien encore!

A minuit nous revenions sans aucun renseignement sur notre malheureux camarade.

— C'est tout de même fort, grondait le capitaine. Ils doivent l'avoir tué et jeté dans quelque broussaille. Il n'est pas possible qu'ils l'aient pris. Il aurait appelé. Je n'y comprends rien.

Comme il disait ces mots, une belle flamme rouge s'éleva dans la direction de l'auberge sur la grande route, et illumina le ciel.

— Gredins! lâches! hurla-t-il. Je parie que

pour se venger, ils mettent le feu aux deux maisons du marché. Et puis ils ficheront le camp sans rien dire. Avec un homme tué et deux masures qui flambent, ils sont contents. Eh bien ! cela ne se passera pas comme ça. Il faut y aller ; cela les embêtera de quitter leur feu de joie pour se battre.

— Si nous pouvions en même temps délivrer Piédelot, dit quelqu'un, quelle chance !

Et on partit tous les cinq, pleins de colère et d'espoir. En vingt minutes, nous avions glissé dans la coulée jusqu'en bas, et nous étions à cent pas de l'auberge que nous n'avions encore vu personne. Le feu était derrière la maison, et le reflet seul, au-dessus du toit, était visible pour nous. Cependant nous marchions assez lentement, craignant un piège, quand nous entendîmes la voix bien connue de Piédelot. Mais elle était étrange, à la fois sourde et vibrante, étouffée et claire, comme s'il criait de son plus haut avec des chiffons dans la bouche. Il avait l'air de râler et de siffler, et le malheureux disait : Au secours ! au secours !

Au diable la prudence ! En deux bonds nous étions derrière l'auberge. Un épouvantable spectacle nous y attendait.

2.

IV

Piédelot brûlait vif. Au centre d'un de ces tas de bois fait par les bûcherons, il se tordait, attaché à un pieu, et la flamme le mordait de ses langues aiguës. Quand il nous vit, sa voix lui resta au gosier, il baissa la tête et sembla mourir.

Renverser le foyer, éparpiller les tisons, couper les liens, fut l'affaire d'un moment.

Pauvre ami ! dans quel état nous le retrouvions. Il avait eu la veille l'avant-bras gauche brisé, et depuis il semblait qu'on l'eût bâtonné, moulu de coups, tant son malheureux corps était bouffi et couvert de cicatrices, de bleus, de sang. La flamme avait commencé aussi son œuvre sur lui, et il avait particulièrement deux énormes brûlures, l'une au bas du dos, sur le gras des reins, l'autre à la cuisse droite. Sa barbe et ses cheveux étaient roussis. Pauvre Piédelot!

Oh! quel rage nous empoigna alors! Comme nous nous serions jetés tête baissée au milieu de cent mille Prussiens! Comme nous avions soif de vengeance! Mais les lâches s'étaient enfuis, laissant leur crime derrière eux. Où les trouver maintenant?

En attendant, la femme du capitaine soignait et pansait de son mieux Piédelot, dont le capitaine serrait fiévreusement la main. Au bout de quelques minutes il revint à lui.

— Bonjour, capitaine, dit-il, bonjour les amis! Ah! les coquins! les gueux! Dire qu'ils sont venus à vingt pour nous surprendre?

— Vingt, dis-tu?

— Oui, toute une bande! c'est pour cela que j'ai désobéi, mon capitaine, et que j'ai tiré sur eux. Ils vous auraient massacrés tous en arrivant. J'ai mieux aimé les arrêter. Cela leur a fait peur, et ils n'ont pas osé aller plus loin que la Croix-Verte. Ils sont si lâches! Ils m'ont tiré à quatre, comme à la cible, à vingt pas; puis, ils me sont tombés dessus à coups de sabre. J'avais le bras cassé, je ne pouvais me servir de ma baïonnette que d'une seule main.

— Mais pourquoi n'as-tu pas appelé au secours ?

— Je m'en serais bien gardé. Vous seriez venus, et n'auriez pu me défendre, ni vous défendre vous-mêmes, à cinq contre vingt.

— Tu sais bien que nous ne t'aurions pas laissé prendre, mon pauvre vieux.

— J'ai mieux aimé mourir seul, voyez-vous ! Je ne voulais pas vous attirer là. Ç'aurait été un guet-apens.

— Allons ! ne parlons plus de cela. Te sens-tu un peu mieux ?

— Non ! non ! j'étouffe. Je sais bien que je n'en ai plus pour longtemps. Les gueux ! ils m'ont attaché à un arbre, et m'ont battu tant que je me suis trouvé mal ; ils secouaient mon bras cassé. Mais je ne criais pas. J'aurais mieux aimé me manger la langue, que de crier devant eux... Maintenant, je peux dire ce que je souffre, je peux pleurer. Cela me fait du bien. Merci, mes bons amis !

— Pauvre Piédelot ! nous te vengerons, va !

— Oh ! oui ! cela, je le veux. Il y a surtout

parmi eux une femme, celle du *pante* que le capitaine a tué hier. Elle est habillée en uhlan ; c'est elle qui m'a le plus martyrisé. C'est elle qui a proposé de me faire brûler. C'est elle qui a mis le feu au bois. Coquine ! brute !... Oh ! comme je souffre ! mes reins ! mon bras !

Et il retomba épuisé, pantelant, se tordant sous l'agonie épouvantable qui le torturait. La femme du capitaine lui essuyait le front. Nous pleurions tous comme des enfants, de douleur et de rage.

Je ne vous raconterai point la fin. Il mourut une demi-heure après. Avant de passer, il nous avait dit vers quel point avait détalé la bande. Nous prîmes le temps de l'enterrer, et nous nous lançâmes à leur poursuite, furieux.

— Nous nous jetterons au cœur de l'armée prussienne, s'il le faut, avait dit le capitaine ; mais nous vengerons Piédelot. Il nous faut ces gredins-là. Jurons de mourir plutôt que de ne pas les trouver. Et si je suis tué avant vous, voici mes ordres : tous les prisonniers faits par nous seront fusillés immédiatement. Quant à la uhlane, on la violera avant de la passer par les armes.

— Il ne faut pas la fusiller, dit la femme du capitaine. C'est une femme. Si tu vis, tu ne voudras pas fusiller une femme. L'outrager suffira. Mais si tu meurs dans cette poursuite, je veux une chose, moi ; c'est me battre avec elle. Je la tuerai de ma main. On en fera ce qu'on voudra, si elle me tue.

— Nous la violerons ! nous la brûlerons ! nous la déchirerons en morceaux ! Piédelot sera vengé, œil pour œil, dent pour dent.

Et nous partîmes.

V

Le lendemain matin nous tombions à l'improviste sur un poste perdu de uhlans à quatre lieues de là. Surpris par notre brusque attaque, ils ne purent ni monter à cheval, ni même se défendre. En deux temps et trois mouvements, nous avions cinq prisonniers, autant que nous étions d'hommes.

Le capitaine les interrogea. Sur leurs réponses, on fut certain que c'étaient ceux de la veille. Alors eut lieu une bizarre opération. L'un de nous s'assura des sexes. Rien ne peut peindre notre joie féroce quand on découvrit parmi eux ce que nous cherchions, la femme-bourreau qui avait torturé notre ami.

Les quatre autres furent fusillés sur-le-champ, le dos tourné, à bout portant.

Puis on s'occupa de la uhlane!... Qu'en ferait-on ?

Je dois l'avouer, nous étions tous pour la fusillade. La haine, le désir de venger Piédelot, avaient éteint en nous toute pitié. Nous avions oublié que nous allions tuer une femme. Ce fut une femme qui nous le rappela : celle du capitaine. On se décida, sur ses instances, à garder la uhlane prisonnière.

Pauvre femme du capitaine ! Elle devait être bien punie de cette clémence.

Le lendemain, nous apprenions que l'armistice était étendu à la région de l'Est, et nous dûmes mettre un terme à notre petite campagne, que nous voulions continuer sur de nouveaux frais. Deux d'entre nous, qui étaient des environs, retournèrent chez eux. Nous ne restâmes plus que quatre en tout : le capitaine, sa femme et deux hommes. Nous étions de Besançon, qui restait investi malgré l'armistice.

— Demeurons ici, avait dit le capitaine. Je ne peux m'imaginer qu'on va comme cela finir la guerre. Que diable, il y a encore des hommes en France, et voici le printemps qui arrive. L'armistice n'est qu'un piège tendu aux Prussiens. On refait une armée pendant ce temps-là, et on va un beau matin leur retomber sur le poil. Nous serons prêts, et nous avons un otage ; restons.

Nous établîmes là nos quartiers. Il faisait un froid terrible, et nous sortions peu ; il fallait que quelqu'un gardât toujours à vue la uhlane.

Elle était sombre, ne disait jamais rien, ou parlait de son mari que le capitaine avait tué. Elle regardait toujours celui-ci avec des yeux féroces, et nous sentions qu'un cruel besoin de vengeance la tourmentait. Cela nous semblait la meilleure punition des affreux tourments qu'elle avait fait subir à Piédelot. La vengeance impuissante est une si grande douleur !

Hélas ! nous qui avions su venger notre camarade, nous aurions dû penser que cette femme saurait venger son mari. Nous aurions dû nous tenir sur nos gardes.

Il est vrai que chaque nuit un d'entre nous veillait, et que les premiers jours on liait tous les soirs la uhlane par une corde assez longue, au gros banc de vieux chêne qui était scellé dans le mur. Mais peu à peu, comme malgré sa haine sourde elle n'avait jamais essayé de fuir, on se relâcha de cette excessive prudence. On la laissa

3

coucher ailleurs que sur le banc, et sans liens. Qu'y avait-il à craindre? Elle était au fond de la salle, un homme veillait à la porte, et entre elle et cette sentinelle étaient couchés la femme du capitaine et les deux autres hommes. Elle était seule contre quatre, et sans armes. Il n'y avait pas de danger.

Une nuit, nous dormions, le capitaine était de garde, la uhlane s'était tranquillement blottie dans son coin, plus calme même qu'à l'ordinaire; elle avait souri ce soir-là pour la première fois depuis sa captivité.

Tout à coup, au milieu de la nuit, nous sommes brusquement réveillés par un cri épouvantable. On se lève, à tâtons, et à peine a-t-on le temps de se lever, qu'on se heurte à un couple furieux qui roulait par terre, dans la salle, en se débattant. C'était le capitaine et la uhlane.

Nous nous jetons sur eux, nous les séparons en un moment. La uhlane hurlait et ricanait; le capitaine avait l'air de râler. Tout cela dans l'ombre. Deux d'entre nous la contiennent. On allume, on regarde. Horreur! Le capitaine était affaissé par terre, dans une mare de sang, avec une énorme blessure au cou. Son sabre-baïonnette, arraché de son fusil, était planté dans la plaie béante et rouge.

Quelques minutes après, sans avoir eu le temps de dire un mot, il mourut.

Sa femme ne pleurait pas. Elle avait l'œil sec, la gorge contractée, et fixait la uhlane avec une férocité calme qui faisait peur.

— Cette femme m'appartient, nous dit-elle tout à coup. Vous m'avez juré, il n'y a pas huit jours, de me la laisser tuer à mon gré si elle tuait mon mari. Il faut tenir votre serment. Vous allez l'attacher solidement dans l'âtre, debout contre le fond de la cheminée ; puis vous vous en irez où vous voudrez, mais loin d'ici. Je me charge de ma vengeance. Laissez le corps du capitaine. Nous resterons ici tous les trois, lui, elle et moi.

Nous obéîmes, et nous nous en allâmes. Elle nous avait promis de nous écrire à Genève, où nous retournions.

VI

Deux jours après, je recevais la lettre suivante, qui était datée du lendemain de notre départ, et avait été écrite à l'auberge de la grande route :

« Mon ami,

Je vous écris selon ma promesse. Je suis pour le moment à l'auberge où je viens de remettre à un officier prussien ma prisonnière.

Il faut vous dire, mon ami, que cette pauvre femme laisse là-bas, en Allemagne, deux enfants. Elle avait suivi son mari, qu'elle adorait, ne voulant pas le savoir exposé seul aux hasards de la guerre, et les enfants étaient restés auprès des grands-parents.

Voilà ce que je sais depuis hier, et ce qui a

changé mes idées de vengeance en idées plus humaines.

Au moment où je me plaisais à insulter cette femme, à lui promettre d'affreux tourments, à lui rappeler Piédelot brûlé vif, et à lui préparer le même supplice, elle me regarda froidement et me dit :

— Qu'as-tu à me reprocher, femme française ? Tu crois bien faire en vengeant ton mari, n'est-ce pas ?

— Oui, lui répondis-je.

— Eh bien ! j'ai fait en le tuant ce que tu vas faire en me brûlant. J'ai vengé le mien. C'est ton mari qui l'avait tué.

— Alors, lui dis-je, puisque tu approuves cette vengeance, prépare-toi à la subir.

— Je ne la crains pas.

Et de fait, elle ne semblait pas avoir perdu courage. Sa figure était sereine, et c'est sans frémir qu'elle me regardait ramasser du bois, des feuilles sèches, et vider fiévreusement la poudre des cartouches qui devait servir à rendre plus cruel son bûcher.

J'hésitai un moment à poursuivre. Mais le capitaine était là, sanglant, la figure blême, qui me regardait de ses grands yeux vitreux. Je donnai un baiser à ses lèvres pâles, et je me remis à l'œuvre.

Soudain en relevant la tête, je vis que la uhlane pleurait. Cela m'étonna.

— Tu as donc peur? lui dis-je.

— Non; mais en te voyant embrasser ton mari, j'ai pensé au mien et à tous les êtres que j'aime.

Elle continuait à sangloter. Elle s'arrêta brusquement et me dit en mots entrecoupés, presque à voix basse :

— Est-ce que tu as des enfants, toi?

Un frisson me parcourut le corps. Je compris que la pauvre femme en avait. Elle me dit de regarder dans un portefeuille, qui se trouvait sur sa poitrine. Il y avait deux photographies de tout jeunes enfants, un garçon et une fille, avec ces bonnes et douces figures jouffues des bébés allemands. Il y avait aussi deux mèches de cheveux blonds. Il y avait encore une lettre écrite en gros caractères, d'une main peu exercée, et commençant par les mots allemands qui signifient « ma petite mère ».

Je ne pus retenir mes larmes, mon cher ami. Je la détachai, et, sans oser regarder la face de mon pauvre mort qui restait sans vengeance, je descendis avec elle jusqu'à l'auberge.

Elle est libre. Je viens de la quitter, et elle m'a embrassée en pleurant. Je remonte trouver mon mari. Venez au plus vite, mon cher ami, chercher nos deux cadavres. »

. . . .

Je partis en toute hâte. Quand j'arrivai, il y avait autour de la maisonnette du village une patrouille prussienne. Je demandai des renseignements. On me dit que là dedans étaient un capitaine de francs-tireurs, et sa femme, morts. Je déclinai leurs noms; on vit que je les connaissais; et je demandai alors à me charger de leur sépulture.

— Quelqu'un s'en est déjà chargé, me fut-il répondu. Entrez, si vous voulez, puisque vous les avez connus. Vous vous entendrez avec leur amie pour les funérailles.

J'entrai. Le capitaine et sa femme étaient couchés côte à côte, sur un lit, sous un drap. Je le soulevai et vis que la femme s'était fait au cou la même blessure que celle dont son mari était mort.

Au chevet du lit, veillant et pleurant, était la personne qu'on m'avait désignée comme leur amie. C'était la uhlane.

JUIN, JUILLET, AOUT

A Coquelin Cadet

> Aimez-vous les uns les autres.
> *Nouveau Testament.*

C'était un égoïste méticuleux.

Il portait de la flanelle et du caoutchouc, suivait un régime, se purgeait à époque fixe, faisait tout par poids et par mesures, et avait réglé sa vie comme un papier de musique.

Il savait par cœur les préceptes de l'école de Salerne, et tenait pour paroles d'Évangile les dictons populaires qui ont rapport à la santé.

Pas de parentés gênantes, pas de liaisons embarrassantes. Il ne prenait de l'amitié et de la camaraderie que ce qu'il en faut pour égayer l'existence. Il aurait sacrifié le monde entier à son confortable.

Un jour pourtant il fut obligé de rompre avec

ses chères habitudes. Un gros héritage à faire l'appelait en Amérique. Il n'y avait pas à hésiter. C'était un petit mal pour un grand bien. Grâce à un déplacement et à des ennuis, peu importants en somme, il gagnait du coup de quoi traiter en roi son égoïsme.

Il s'embarqua, mais non sans être muni de tout ce qui pouvait rendre le voyage moins pénible : provisions de gourmandise, pharmacie de poche, ceinture hypogastrique contre le mal de mer, appareil de sauvetage en cas de tempête.

Malgré tout, il n'eut pas de chance.

Les provisions furent avariées par l'embrun, la pharmacie fut brisée par un coup de roulis, la ceinture donna plus de ressort aux vomissements.

Seul, l'appareil de sauvetage fut utile au retour.

On fit naufrage en effet. Près d'arriver au port, le navire toucha contre un écueil et sombra.

Mais il mit un quart d'heure à s'enfoncer, et notre homme eut le temps de s'armer contre la mer. Il revêtit son costume de gutta-percha, l'enfla de son souffle suffisamment pour en faire une vessie, et réussit à surnager.

Un compagnon d'infortune, que sur le bateau

il avait traité comme un ami, voulut s'accrocher à lui : il le repoussa avec indignation.

Une pauvre mère, qui élevait au-dessus des flots un nourrisson, le lui tendit en s'engloutissant sous une vague : il le prit, et le laissa retomber après s'être emparé de son biberon.

Il était devenu féroce pour sauver sa précieuse peau. Il eut de la peine à la sauver. Rejeté au large par le reflux, il vit la terre sans pouvoir y aborder. Battu par les vents et les marées, il se défendit deux jours contre les vagues. Il avait l'estomac vide, le sang à la tête, la fièvre au pouls, les membres raidis par le froid. Un autre, moins tenace, eût dégonflé sa machine et se fût laissé couler, plutôt que d'endurer les tortures qu'il supporta. Mais lui eut le courage de son égoïsme, et ne voulut pas renoncer à la vie.

Enfin, il put être rejeté au rivage. Exténué, mourant, il saisit le roc de ses mains crochues, et réunit toutes ses forces pour crier au secours.

Il faisait nuit. On ne venait pas.

— Hélas! pensait-il, maintenant que je pourrais être sauvé, vais-je mourir ici? Ah! si j'avais la force de me traîner jusqu'à ces maisons où ma voix n'arrive pas! Ah! si seulement je pouvais manger un peu! la force me reviendrait.

Comme il pleurait de rage et d'impuissance, ses doigts rencontrèrent sur le roc des coquillages, des moules, des huîtres. La faim donne de la vigueur. Il eut assez d'énergie pour les arracher et les ouvrir. C'était le secours demandé, c'était la force, c'était la vie.

Prudemment, sagement, sans gloutonnerie, il mangea la chair savoureuse et put se repaître.

Ainsi réconforté, il se remit à crier. Cette fois, sa voix plus sonore fut entendue. Des pêcheurs vinrent le chercher, et bientôt il fut installé sur un bon lit, près d'un large feu. On lui fit prendre un cordial qui acheva de le ranimer.

Il était sauvé!!!

Tout à coup une douleur atroce éteignit le sourire sur ses lèvres. Ses yeux se retournèrent, ses membres furent crispés. Une crampe d'estomac, suivie d'une tranchée, lui secoua tout le corps. Il avait le feu aux intestins, le ventre tordu.

On appela un vieux médecin des environs.

Parmi les hoquets, les grincements de dents, les sursauts, le malade raconta son naufrage et les quarante-huit heures passées sans aliment, dans l'eau glaciale.

— Ce n'est pas cela, dit le praticien. Voyons, vous avez pris quelque chose depuis que vous êtes ici?

— Nous lui avons donné un peu de rhum dans du bouillon aux choux, interrompirent les pêcheurs.

— Ce n'est pas cela non plus, répondit l'Esculape. Ah! par exemple, voilà qui est curieux. C'est un cas vraiment bizarre.

— Quoi donc? quoi donc? murmurait le malade en proie aux affres de la mort.

Mais le médecin ne lui répondait pas, et, absorbé par sa pensée, marmottait entre ses dents :

— J'ai déjà vu des noyés par asphyxie, mais c'est la première fois que je vois un noyé par empoisonnement.

— Empoisonnement! cria notre homme. Empoisonnement! Ah! j'y suis. Dans quel mois sommes-nous?

— En juin.

Comme atterré par ce renseignement, il se mit à sangloter. C'étaient les hoquets de l'agonie! Et l'on prit pour les soupirs du râle le dicton incompréhensible qu'il prononça en mourant :

Juin, juillet, août,
Ni huîtres, ni femmes, ni choux.

L'ASSASSIN NU

A Léon Cladel

> J'ai fait la campagne sans consulter personne.
>
> BONAPARTE.

Quand Pierre Lurier sortit de prison, il se trouva sans travail et sans pain.

Il avait été condamné, à l'âge de vingt-cinq ans, pour vol avec effraction dans une maison où il venait d'entrer comme valet de chambre. En prison, il avait appris à faire des ferrets pour cordons de soulier. Or, dans la petite ville de province où la surveillance de la haute police l'obligeait à demeurer, il lui était absolument impossible d'utiliser ce métier tout spécial. D'autre part, il ne fallait pas songer à se replacer comme domestique. Pierre Lurier avait donc pour horizon la misère et la faim.

Il réfléchit qu'en travaillant longtemps et beaucoup, si par hasard il trouvait de la besogne, il arriverait uniquement à ne pas crever comme un chien. Il se dit, par contre, qu'en commettant un nouveau crime, il pourrait d'un coup gagner non seulement un morceau de pain, mais peut-être la richesse. Il n'hésita pas, et choisit le second parti.

Quel crime commettre? Telle était la question. La première chose à faire, c'était de fuir les yeux de la justice. Pierre Lurier quitta la ville où il était interné.

Sans papiers, sans argent, il mena pendant six mois la dure et misérable vie de vagabond, marchant toujours devant lui, mendiant en cachette, couchant à la belle étoile ou dans les granges, maigre, hâve, loqueteux, attendant l'occasion, la refusant quand elle ne s'offrait pas assez sûre ou assez belle, rôdant autour de la société comme un renard autour d'une ferme, décidé à tout supporter jusqu'à l'instant propice où il se dédommagerait de son jeûne en dévorant la proie qu'il espérait toujours.

Un jour, il s'aperçut qu'il était en Champagne, dans son pays. Il y avait été poussé par je ne sais quelle fatalité, sans doute par cet instinct bestial qui ramène les animaux pourchassés dans le bois où est leur gîte.

Il fut d'abord pris de peur. On allait le reconnaître ! Il se fourrait dans un guêpier ! Il était perdu ! Il eut envie de rebrousser chemin.

La réflexion le fit rester. Comment pourrait-on le reconnaître ? Il avait quitté le pays à douze ans, enfant rose et blond. Il revenait à quarante ans, la figure bronzée, la barbe longue, les joues creuses, les cheveux gris.

Puis vint un raisonnement très juste. Partout où il avait passé, combien d'occasions manquées par ignorance, parce qu'il ne connaissait ni les lieux ni les personnes ! Ici, au contraire, malgré les changements survenus pendant son absence, il savait beaucoup de choses. C'était autant d'armes toutes trouvées. Il suffisait de bien se souvenir.

Pierre Lurier se souvint.

A dix lieues environ de l'endroit où il était, il y avait autrefois, dans un village nommé Nizy-le-Comte, un ménage très riche et sans enfants. C'étaient l'homme et la femme Berlot, qu'on appelait dans le village les *Compte-sous*.

Pierre les avait très bien connus. Du temps où

il était gamin et paysan, il remplissait chez eux l'office d'un domestique à bon marché.

Il était au courant de toutes les habitudes et des aîtres de l'habitation.

Il savait que la grand'porte sur la route était haute et armée de solides armatures de fer et que les murs du jardin de derrière étaient garnis de verres cassés; mais il savait aussi que les arbres du fond avaient dû grandir et que de l'extérieur on pouvait, en sautant dans ces arbres, pénétrer quand même dans le jardin. Il savait que du jardin on n'entrait pas la nuit dans la cuisine, exactement fermée chaque soir; mais il savait aussi que la buanderie n'était séparée de l'extérieur que par un mince mur de briques. Or, ce mur était facile à renverser, et, une fois dans la buanderie, on était dans la cuisine. De là, on passait dans la grand'salle, où était, sous le globe de la pendule, la double clef de l'escalier. En haut de l'escalier, le cabinet de débarras, où il allait autrefois ranger les balais; et après ce cabinet, la chambre à coucher des Berlot. Là, il ne se souvenait plus bien. Il n'était jamais entré dans cette pièce, il l'avait seulement aperçue par la porte entr'ouverte. Il se rappelait vaguement que le lit était au fond, à côté d'une grande et solide armoire en vieux chêne, rehaussée de gonds en cuivre. C'est là que dormait le magot si longuement engraissé par les *Compte-sous*, et si ardemment convoité maintenant par Pierre Lurier.

Car, au premier souvenir qui lui était revenu, son dessein s'était arrêté. Il avait enfin trouvé l'occasion patiemment attendue. Il fallait aller là, y aller sans se faire voir, observer si rien n'était changé, prendre toutes les précautions demandées par la prudence, et agir avec la dernière audace.

Il fit en deux nuits les dix lieues qui le séparaient de Nizy-le-Comte. Il passa un jour entier caché dans un bois, au fond d'une grotte humide, les pieds dans l'eau, sans manger. Mais au moins, quand il arriva vers les deux heures du matin à la maison des Berlot, il était bien sûr de n'avoir été rencontré en route par personne.

Dans la ruelle qui longeait le derrière du jardin, il trouva par bonheur un champ de carottes, où il cueillit un dîner quelconque.

Ainsi maigrement lesté, mais soutenu par la fièvre de réussir, il grimpa sur le mur qui faisait face au mur de derrière des Berlot. Une fois sur la crête, il se dressa tout debout, sans penser qu'il pouvait perdre l'équilibre ; et, se ramassant sur lui-même, d'un bond prodigieux il alla tomber de l'autre côté de la ruelle dans un arbre du jardin.

Le bruit de sa chute dans les branches réveilla un chien du voisinage qui se mit à aboyer. Pendant quelques minutes, ce fut un concert de hurlements qui répondaient, mais qui cessa peu à peu. On entendit encore la dernière note lointaine d'un chien de berger veillant là-bas dans les champs. Tout redevint tranquille. Pierre Lurier se tâta les membres, vit qu'il n'avait rien de cassé et se mit à réfléchir.

C'était beaucoup d'être dans le jardin ; ce n'était rien encore. Pierre Lurier, en effet était venu se jeter là à l'aventure, poussé par son irrésistible désir d'en finir avec la mauvaise fortune ; mais il ne savait même pas si les Berlot vivaient et habitaient encore la maison. N'importe ! Il s'était dit qu'il fallait venir, qu'il aurait été imprudent de s'informer, et qu'à tout prendre il en serait quitte pour une journée à passer dans le haut d'un arbre. S'il y avait de nouveaux propriétaires, il repartirait la nuit suivante. Si les Berlot étaient là, leur argent valait bien qu'on se donnât tant de mal pour le gagner.

En attendant le matin, il descendit pour chercher à manger. Il ne craignait pas de trouver un chien, puisque dans le concert de tout à l'heure, il n'avait entendu aucun aboi du côté de la maison. Il marcha donc hardiment vers la basse-cour.

C'était bien toujours la même, avec la soute aux cochons à gauche, et l'étable à droite. Dans l'étable, il trouva une seule vache qui se leva d'abord comme effarée à son approche, mais qu'il calma tout de suite en lui parlant et en lui frap- sur la croupe. Au bout de quelques moments, il la crut assez familiarisée pour ne pas craindre de lui prendre le pis, et il têta du lait chaud qui le réconforta singulièrement. Dans la mangeoire des cochons, il tâta avec la main, et fut tout joyeux de rencontrer de gros morceaux de pain de son, dont il bourra ses poches sans le moindre dégoût. C'était le fonds de ses repas du lendemain. Il cueillit aussi quelques fruits dans le jardin, mais discrètement pour ne pas montrer qu'on y était venu. Tous ces préparatifs faits, il remit à la nuit suivante ce qui touchait plus particulièrement au crime, et il chercha un lit pour se reposer jusqu'au jour.

Il avisa un orme démesurément gros et noueux et y grimpa. Vers le milieu à peu près de l'arbre, le tronc tordu avait sans doute été cavé par un coup de foudre, et formait ce que dans le pays on appelle une *creute*. Pierre Lurier s'y coucha. On y était comme dans un berceau dur, court et profond. Le principal est qu'on y pouvait dormir sans être vu et sans craindre de tomber.

Pierre Lurier, épuisé de fatigue, dormit la veille de son crime, ni plus ni moins que Napoléon la veille d'Austerlitz.

Le soleil dorait les toiles d'araignées tendues entre les branches des poiriers, et la rosée avait depuis longtemps séché sur les légumes, quand il se réveilla.

La première chose qu'il vit à travers les feuilles de son orme, fut le père Berlot lui-même, qui vaquait aux soins de sa basse-cour. Le cœur de Pierre battit de joie.

Oui, le vieux était bien là, allant et venant, une manne à la main, distribuant du grain aux volailles. Il faisait *piou, piou, piou*, et les poules se heurtaient et se culbutaient, battant des ailes, les plumes hérissées, pour se gaver d'avoine. Il alla ensuite à la cuisine, chercher un seau plein d'une eau grasse où nageaient des morceaux de pain et des raclures de pommes de terre, et il versa la pitance aux cochons qui fouillaient du groin dans leur auge.

Cela fit penser à Pierre Lurier qu'il avait faim. Il tira de ses poches le pain de son et les fruits, et il déjeuna silencieusement, en songeant que tout s'arrangeait à souhait.

En effet, puisque le père Berlot soignait lui-même sa basse-cour, c'est qu'il n'avait pas de domestique, et qu'il était bien seul dans la maison. Tout au plus pouvait-il y avoir avec lui madame Berlot.

Jusqu'à onze heures environ, le vieillard resta dans sa cour et dans son jardin, remuant, bêchant, taillant, mazuclant.

Un moment Pierre Lurier eut peur. En passant près d'un poirier, Berlot considéra attentivement ses fruits, et s'aperçut qu'il en manquait deux. Machinalement il porta son regard vers les murs du jardin et les arbres du fond. Il semblait se douter qu'un voleur était venu chez lui. Mais la contemplation de ses culs de bouteilles si pointus le rassura sans doute ; car il haussa les épaules, en ayant l'air de dire : « C'est impossible. »

Cependant cela le tourmentait visiblement et il voulut en avoir le cœur net.

— Pierre ! cria-t-il tout à coup.

Pierre Lurier tressaillit à ce nom, comme si c'était lui qu'on appelait. Il se renfonça plus avant dans sa *creute*.

A l'appel de Berlot, la porte de la cuisine s'ouvrit, et il en sortit un enfant de dix à douze ans, rose et blond.

Pierre Lurier tressaillit plus fort encore. Il lui semblait qu'il sortait lui-même de la cuisine. C'était le même petit paysan, qu'il était jadis. Une seconde de réflexion lui fit oublier cette vision et comprendre la réalité.

— Pierre, dit Berlot, tu m'as encore volé des poires.

— Oh ! non, m'sieu, répondit le gamin. Je vous jure que non. Comment voulez-vous que je fasse pour vous voler des poires ? Je viens de rentrer des champs, paître la vache, et c'est vous-même qui m'avez ouvert ce matin la porte de la cuisine pour aller à l'étable, et la grand'porte pour aller aux champs.

— Tu es un petit gueux. Qui est-ce qui me dit que tu n'es pas venu au jardin la nuit?

— Oh! m'sieu. Est-ce que c'est Dieu possible, puisque tout est fermé la nuit dans la maison?

— Ta, ta, ta! Prouve-moi que tu ne m'as pas volé?

— Oh! m'sieu, je vous jure que ce n'est pas moi. Tenez, la preuve!

Pierre Lurier eut alors une peur folle, s'imaginant que le petit avait vu quelque chose. Mais non : la preuve qu'il voulait donner, était seulement le serment solennel en usage chez les enfants, et qui consiste à faire le signe de la croix, puis à lever la main droite en crachant par terre.

Berlot, ébranlé sans doute par ce serment, se contenta de tirer l'oreille de Pierre, en rentrant avec lui à la maison.

Midi sonna.

Le son fêlé de la cloche du village était le seul bruit qui troublât cette heure silencieuse. A peine une ou deux poules picoraient encore çà et là dans le fumier près de l'étable. Les cochons avaient depuis longtemps vidé leur auge et s'étaient retirés pour dormir dans le fond de leur cabane. Les moineaux étaient partis après avoir donné aux fruits quelques coups de becs, malgré le grand chapeau de paille posé sur un poirier pour leur servir d'épouvantail. Ils s'étaient envolés dans les champs où ils font l'après-midi leur razzia. Les paysans avaient fait comme eux, et étaient retournés au travail après la soupe. Rien ne remuait dans le village. On entendait seulement un bruissement vague bourdonner dans la campagne, comme si la terre soupirait en dormant dans la lumière du soleil.

Pierre Lurier sentit alors monter en lui je ne sais quel apaisement et quel désir de douceur. Il lui sembla qu'il était bon de pouvoir vivre dans cette tranquillité. Il pensa que les poules étaient bien heureuses et que les oiseaux devaient être contents. Il se dit que l'existence du petit Pierre était charmante, malgré les gronderies du père Berlot. On lui tirait quelquefois l'oreille, c'est vrai; mais il mangeait, il buvait, il dormait, il allait se promener dans l'herbe et sous les bois, sans crainte, sans regarder derrière lui pour voir s'il était poursuivi par un tricorne. Et le père Berlot? Il était riche; il avait sa maison à lui, ses poules, ses cochons, ses poires. Quel homme heureux!

Pourquoi lui, Pierre Lurier, n'avait-il pas aussi sa part de bonheur? Ah! Pourquoi?... Il n'avait qu'à rester ici, aux champs, comme son père. Mais était-ce bien sa faute s'il était parti? Un mauvais garnement lui avait dit qu'on fait fortune à la ville. Il aurait pu en effet la gagner, cette fortune! Peut-être! qui sait? Il avait eu de bonnes occasions. Un patron l'avait pris en affection dès son arrivée. Mais un autre mauvais garnement était là, prêchant la paresse et le plaisir. Un an, deux ans, plusieurs années, le temps précieux de la jeunesse s'était écoulé misérablement à ne rien faire, à vivre au jour le jour. Puis, un matin, de guerre lasse, pris de remords, voulant enfin travailler et ne sachant pas, on s'était fait de nouveau domestique. Là encore on pouvait gagner sa vie. Mais on était aigri, plein de désirs et de regrets. On avait gardé de mauvaises connaissances, une maîtresse qui était une gueuse, un ami qui était un filou. On avait écouté l'ami pour satisfaire aux exigences de la maîtresse. Et, en fin de compte, on s'était réveillé un beau jour entre deux agents de police. On était voleur. Jugé, condamné, on avait passé quinze ans en prison, et maintenant...

Ah! maintenant, on était un misérable, un vagabond, un gibier de bagne; et ce soir on serait un assassin; et demain peut-être on serait encore arrêté; et bientôt, alors, on serait de nouveau jugé, condamné à mort cette fois. A mort! la tête coupée!

Pierre Lurier, l'œil fixe, ne voyait ni le jardin, ni la cour, ni la maison, mais une place pleine de monde, et une guillotine dans le trou de laquelle il grimaçait.

Il poussa un grand cri.

Ce cri le ramena au présent.

— Pardieu! se dit-il, je suis fou! Voilà que je rêve tout éveillé, maintenant, et que je crie par-dessus le marché. C'est malin! Si le père Berlot avait été là, j'étais flambé!

Pour changer le cours de ses idées, il reporta violemment son souvenir au préau de la prison, où il causait avec les camarades. On y parlait de vols habilement faits, d'assassinats dont les auteurs n'avaient jamais été découverts.

— Voyez-vous, mes petits, disait souvent un vieux coquin, plusieurs fois condamné, il ne faut pas se lancer dans le grand jou quand on n'est pas sûr de réussir. *Grinchir*, c'est bien. Si on est pincé, on en est quitte pour la prison, comme moi. Mais *estourbir*, diable! Je n'ai jamais connu qu'un bon *escarpe*, c'était le grand mince qui est mort il y a deux ans, Feuille-de-Zinc. Lui, a trouvé le moyen d'*écornifler à la passe* sept personnes, et jamais on ne lui a mis la main sur le grappin. Seulement il avait son système. Il disait qu'il faut trois choses pour réussir : être dans un pays où on ne vous *conobre* pas, *goupiner* seul, et se mettre à nu pour *refroidir*. En *goupinant* seul et dans un pays étranger, on n'a à craindre ni les *moutons* ni les *reluqueurs;* en faisant son affaire sans *limace* on ne laisse pas de pièces à convictions auprès du *machabée*, et on n'a pas de *raisiné* sur sa *pelure*.

Ces conseils sonnaient comme un clairon de bataille dans la tête de Pierre Lurier. Il était inconnu, seul, il se mettrait nu. Donc il devait réussir.

Le soir était venu. Les gens rentraient au logis. Quelques pas se firent entendre dans la ruelle. Des bœufs meuglaient en regagnant le village. Des chiens aboyaient. Tout le monde se préparait à manger le repas du soir avant d'aller dormir.

Berlot ressortit de la cuisine, et alla ouvrir la grand'porte de la cour. La vache était ramenée par le petit Pierre, qui la conduisit à l'étable

— Allons, petiot, dit le vieillard au gamin, dépêche-toi. Il faut que tu montes là-haut, à présent, pour changer de fenêtre la mère Berlot. La poussière va venir sur le devant; mets-la un peu par ici.

L'enfant monta, et quelques minutes après, une fenêtre du premier s'ouvrit sur la cour. Un grand fauteuil fut poussé vers le jour, et madame Berlot apparut, Elle était immobile, raide; et Pierre Lurier remarqua que dans sa figure les yeux seuls semblaient encore vivre.

— Bon cela! pensa-t-il. La vieille est paralysée. Ce sera plus commode.

Une chose l'inquiétait : l'enfant. Dans quelle partie de la maison couchait le petit Pierre? Faudrait-il passer près de lui pour monter là-haut?

— Ma foi, tant pis! Il faudra bien déblayer le chemin.

Il commençait à faire noir. La nuit s'étendit peu à peu sur la maison, sur la cour, sur le jardin. Bientôt Pierre Lurier ne distingua plus rien du haut de son arbre. Seules les étoiles brillaient entre les branches.

Neuf heures! Une lumière éclaire en rouge

une des fenêtres du premier. Sans doute le vieux Berlot comptait son argent comme tous les soirs. La lumière s'éteignit au bout d'une grosse demi-heure seulement. Il y avait beaucoup d'écus dans le magot.

Dix heures!

Dieu! que c'est long d'attendre! Les heures sont grandes la nuit.

Onze heures! tout dormait au loin.

Le moment était venu. Pierre Lurier descendit de son arbre.

Arrivé à la buanderie, il se mit à tâter le mur, jusqu'à ce qu'il eût trouvé entre deux briques un interstice où pût pénétrer la lame de son couteau. La première brique fut longue à déchausser. Mais ce trou, une fois fait, l'ouverture s'agrandit aisément. Les briques étaient descellées l'une après l'autre et posées à terre sans bruit. Enfin le corps de Pierre Lurier put trouver passage.

Il resta un bon moment immobile, habituant ses yeux à l'ombre. Quand il commença à distinguer un peu les choses, il reconnut qu'il ne s'était pas trompé dans ses souvenirs. En face de lui était bien la porte à loquet qui donnait dans la cuisine.

Mais avant de pénétrer là, il fallait prendre ses précautions, c'est-à-dire se mettre nu, préparer une lanterne, trouver une arme. Le couteau qui avait servi à éventrer le mur n'était ni assez long ni assez fort pour égorger un homme. A tâtons, l'assassin fouilla autour de lui dans les corbeilles d'instruments qui encombraient la salle, et fixa son choix sur une pioche courte, au manche solide, au fer lourd et pointu. Le long du mur étaient accrochées deux lanternes, l'une de voiture, l'autre d'écurie. La première fit l'affaire, d'abord parce qu'elle était plus petite, et ensuite parce qu'elle était munie d'un réflecteur qui en faisait comme une lanterne sourde. Pierre y fourra le bout de chandelle qui était resté du soir dans la lanterne d'écurie. Il trouverait des allumettes dans la cuisine; et d'ailleurs, il ne voulait allumer que dans la chambre d'en haut, pour voir clair à frapper et à chercher l'argent. Tout cela étant prêt, Pierre Lurier se déshabilla, fit un petit paquet de ses vêtements, attacha ce paquet sur ses épaules avec un morceau de corde, et s'arrêta un instant pour réfléchir, afin de s'assurer qu'il ne lui manquait plus rien.

— Bon Dieu! que je suis couenne! pensa-t-il

soudain. J'ai là mes habits roulés, je suis nu; donc je n'ai pas de poches! Foutue bête, va! et où mettras-tu l'argent des Berlot? Il doit y avoir des écus, des Louis-Philippe de cinq francs; tout cela est lourd et tient de la place. Je ne peux pourtant pas me tailler des *valades* dans la peau des cuisses.

De nouveau il tâta les murs et fouilla les corbeilles, et il sourit silencieusement de plaisir en tirant d'une caisse pleine d'avoine une musette en toile, un de ces sacs qu'on met au nez des chevaux pour les faire manger. Dans cette musette tiendrait bien tout le magot. Il se la pendit au cou, en sorte qu'il avait l'air de porter une besace, le paquet de ses habits faisant la poche de derrière, et la musette la poche de devant.

Onze heures et demie sonnaient.

Alors, tout nu, la lanterne sans feu accrochée au petit doigt de la main gauche, la pioche serrée vigoureusement dans la main droite, il poussa doucement du genou la porte de la buanderie, et pénétra dans la cuisine.

Un bruit doux et régulier annonçait le sommeil de l'enfant. Il était là en effet, le petit Pierre, sur un lit bas, la couverture ramenée jusqu'aux oreilles, couché en chien de fusil, et dormant à plein cœur.

Pierre Lurier s'approcha du lit, en serrant plus fortement sa pioche, qu'il commençait à lever.

— Bah ! se dit-il tout à coup. Il roupille si fort ! Ça ne se réveille pas, les enfants. Quand j'étais à sa place, le tonnerre de Dieu aurait pu tomber sans me faire dire ouf. Et puis, si je le manquais, il gueulerait, et les vieux seraient sur pied. Pauvre petiot ! comme c'est heureux, les mômes ! Si par hasard il allait se réveiller tout de même ! Quand je serai là haut, je ferai peut-être du boucan. Toute réflexion faite... Ah ! ma foi, non ! Peuh ! je serai toujours à même de le saigner en revenant.

Il prit des allumettes sous l'auvent de la cheminée, passa dans la grande salle, et déposa sa pioche et sa lanterne par terre pour soulever le globe de la pendule. O joie ! la clef y était comme autrefois. Dans trois minutes, il serait près du magot.

L'escalier craquait sous ses pieds nus.

— Cochon de bois ! voilà qu'il se met à crier, lui ! Je n'appuie pourtant pas fort.

Il s'arrêtait pour écouter si le bruit n'avait

pas été entendu. Rien ! La maison était toujours aussi muette. En bas seulement le petit Pierre ronronnait.

Encore deux marches, une marche, et c'est le palier, puis le cabinet aux balais ; et enfin voici la porte derrière laquelle sont les Berlot.

— Bon sang ! je crois que j'ai le trac ! C'est tout de même dur de bistoquer deux personnes. Si seulement ils dormaient comme le crapaud, je me contenterais de les voler. Oui, mais, va te faire fiche ! l'armoire à forcer, cela les mettra sens dessus dessous. Les vieux ont l'oreille fine, et ne dorment que d'un œil. Allons, mon bon, il n'y a pas à tortiller. Il faudra faire *suer le chêne*. Du courage ! zoup !

Il alluma la lanterne et poussa la porte.

Au grincement des gonds et plus encore au jet subit de la lumière, le père Berlot s'était dressé sur son séant, effaré. Mais il n'eut pas le temps de pousser un oh! et retomba en arrière, la tête fendue. Muette, immobile, les yeux grands ouverts, la paralytique regardait l'épouvantable chose, tandis que l'assassin, par coups secs, retirait sa pioche du crâne troué. Une, deux, la pioche rouge de sang et blanche de cervelle, sortit de sa gaine, se releva formidable, et se planta avec un coup sourd dans le bonnet tuyauté de la pauvre vieille.

Tout marchait bien. Il n'y avait plus qu'à fouiller l'armoire.

Un tour de couteau dans la serrure en cuivre, et la porte s'ouvrit. Un sac, deux sacs, trois sacs, un quatrième plus petit. La main en les palpant sent des pièces de cinq francs dans les trois premiers et des louis dans l'autre. Cela suffit ! Inutile de tout retourner dans l'armoire. Il faut filer avec les quatre sacs engloutis dans la musette. Houp ! cela est lourd au cou. Il ne faut pas lâcher la pioche. Si l'enfant ne dormait plus !

Tout en réfléchissant et en agissant par saccades, avec frénésie, Pierre Lurier n'avait pas quitté des yeux les deux cadavres. Un seul instant il avait à demi tourné la tête pour ouvrir l'armoire, et à cet instant il s'était senti passer un froid terrible dans le dos. C'est un sentiment instinctif, quand on a tué, de regarder le cadavre jusqu'au moment où un objet matériel le masque. Pierre Lurier s'en alla donc à reculons, la lanterne toujours braquée sur le lit, la pioche à la main. Il arriva ainsi jusqu'à la porte qui s'était par son propre poids refermée derrière lui. D'un coup, brusquement, pour l'ouvrir et pour fuir, il tourna vers elle la lanterne, les yeux et le corps.

Un hoquet d'horreur le saisit à la gorge; ses yeux se fermèrent de peur. Un homme était là devant lui. Sans attendre, sans réfléchir, sans regarder, sans même voir que cet homme était, comme lui, nu, une lanterne à la main, une pioche dans l'autre, un sac au cou, Pierre Lurier n'eut qu'une idée : tuer l'apparition. Il lança violemment son arme; et au même instant, n'ayant rencontré qu'une glace, le corps entraîné par son mouvement, la tête tirée par le poids de l'or, il chancela et plongea la face en avant dans un fracas de verre cassé.

L'enfant réveillé au bruit, et pensant que le père Berlot malade avait besoin de son aide, accourut avec une chandelle. Mais en arrivant sur le palier, il tomba sans connaissance.

Quand le lendemain soir, venus pour éclairer le mystère de la maison Berlot, les hommes de justice eurent monté l'escalier, voici ce qu'ils trouvèrent :

La porte, qui dans l'intérieur de la chambre servait de panneau à une grande glace, avait été largement crevée ; par ce trou on apercevait le lit dont les oreillers formaient une masse rouge où s'enchâssaient deux têtes ouvertes. Par ce trou aussi un homme nu, dont la peau était rayée de coupures, avait passé à moitié. Il tenait une pioche à la main. Ses pieds étaient roidis en l'air, son ventre s'affaissait sur le bois de la porte. A son cou pendait un gros sac. L'artère de sa gorge déchirée avait lancé cinq ou six jets de sang sur le papier jaune de la muraille, et maintenant était attachée au parquet par un long caillot. Dans le coin le plus noir du cabinet était accroupi un enfant, les yeux énormes, les cheveux ébouriffés. Il ne répondit aux questions que par un rire effrayant.

Le petit Pierre était idiot.

— Le vice est toujours puni, dit sentencieusement le maire du village en montrant l'assassin.

Mais si le petit Pierre, qui était monté au secours de ses maîtres, avait pu parler, il aurait dit de reste que la vertu n'est pas toujours récompensée.

UN EMPEREUR

A la mémoire d'Abdul-Aziz

> Ayant, je ne sais où, laissé ta conscience.
> MAURICE BOUCHOR.

Le 13 février 1876, à sept heures et demie du matin, la préposée aux water-closets du passage Jouffroy était en train d'ouvrir son établissement, quand elle vit entrer chez elle une femme enveloppée dans un immense waterproof.

Cette visite si matinale l'étonna un peu, d'autant plus que la visiteuse avait un air mystérieux, avec sa tête presque couverte par la capeline, et sa figure dissimulée sous un épais voile de laine. Cette *consommatrice* de la première heure n'avait pas même la circonstance atténuante d'être très pressée ; car elle marchait d'un pas tranquille, sans hâte, sans fièvre.

Toutefois, la décision de l'allure indiquait,

sinon un besoin à satisfaire, du moins un devoir à remplir. La buraliste pensa qu'elle avait devant elle quelque Anglaise ponctuelle et méticuleuse qui ne voulait pas commencer sa journée avec un poids sur la conscience. Puis l'esprit mercantile et la soif du gain font passer sur bien des choses. Elle ouvrit donc à sa cliente imprévue, et se laissa aller à cette arrière-pensée agréable qu'une aubaine aussi originale était une bonne *étrenne* pour la journée.

Au bout de cinq minutes, elle commença à se dire que l'Anglaise était bien consciencieuse.

Au bout de dix minutes, elle se mit à rôder, inquiète comme une mère, devant la porte fermée derrière laquelle on n'entendait aucun bruit.

Au bout d'un quart d'heure, l'effroi la prit.

Vingt minutes ! Plus de doute, il se passait là quelque chose d'extraordinaire.

Affolée, la jeune personne courut chercher le gardien du passage, qui était occupé à tuer le ver chez un marchand de vin de la rue Grange-Batelière. Chemin faisant, elle lui raconta l'étrange aventure et lui fit part de ses soupçons.

— Je vous assure, disait elle, que c'est une Anglaise sentimentale qui se sera évanouie.

Ils cognèrent à la vitre. Pas de réponse !

— Ce n'est pas naturel, dit le vieux médaillé, d'un air profond.

Ils enfoncèrent la porte, qui était fermée à l'intérieur par le verrou.

— Mais c'est un homme, cria le gardien. Qu'est-ce que vous me chantiez avec votre Anglaise ?

— Parole, répondit la buraliste, c'était une Anglaise tout à l'heure. A preuve qu'elle avait un waterproof, et pas de hanches. Comment diable s'est-elle changée en homme ?

C'était un homme en effet, ou plutôt un jeune homme ! La figure, absolument glabre, était fardée et maquillée comme celle d'une fille. Les sourcils étaient tracés au pinceau, les lèvres passées à la pommade de raisin, les yeux bistrés à l'estompe, les cheveux blonds calamistrés et poudrés d'or. Deux pendants scintillaient aux oreilles. Les doigts étaient chargés de bagues, les poignets cerclés de bracelets. Sur la poitrine décolletée luisait un rubis au bout d'un collier de perles.

A terre gisaient la robe, le waterproof, et toute la défroque féminine.

Le jeune homme était mort. Une longue épingle

d'argent lui perçait le sein gauche, à la place du cœur.

Le cadavre était assis sur le siège immonde.

A l'extrémité de l'épingle, près de la tête formée d'un diamant, un papier rose était fiché.

C'était une lettre, la voici :

« J'ai dix-huit ans et des passions extraordinaires. J'étais né pour être empereur du temps de la décadence romaine. Mais l'époque actuelle n'est pas bonne pour les fantaisistes. C'est pourquoi je m'en vais. N'ayant pu vivre comme Héliogabale, j'ai au moins voulu mourir comme lui, dans des latrines. »

LA PAILLE HUMIDE DES CACHOTS

A Théodore de Banville

> Dans l'courant d'la s'main' prochaine,
> Si le temps est beau,
> Nous irons près de Fontaine-
> Bleau.
>
> RAOUL PONCHON.

Il passa ses dix premières années de prison sans rien faire, le temps de se retourner, de s'installer, de prendre les habitudes de la maison.

Cependant, comme il lui restait encore vingt ans sur la planche, il se dit un beau matin qu'il était honteux de mener une vie de fainéant, et qu'il fallait se créer une occupation digne (non pas d'un homme libre, puisqu'il était prisonnier), mais simplement d'un homme.

Il consacra un an à réfléchir, à peser les différentes idées qui lui passèrent par la tête, à chercher quel serait le but définitif de son existence.

Élever une araignée? C'était bien vieux, bien connu. Copier Pellisson, peuh! un pur plagiat!

Compter sur ses doigts les rugosités du mur? amusement ridicule, inutile, sans résultat appréciable!

— Il faudrait, se dit-il, trouver quelque chose qui fût à la fois curieux, profitable et vengeur. Il faudrait inventer une besogne qui fît passer le temps, qui produisît quelque bien-être, et qui eût la valeur d'une protestation.

Une nouvelle année fut employée à cette trouvaille, et le succès récompensa enfin tant de persévérance.

Le prisonnier habitait un véritable cachot, où le soleil n'entrait guère qu'une demi-heure par jour, et encore par un mince filet semblable à un cheveu de lumière. La couche où le malheureux reposait ses membres endoloris était bien réellement de la paille humide.

— Eh bien! s'écria-t-il avec énergie, je vais ennuyer mes geôliers et blaguer la justice; je ferai sécher ma paille!

Il compta d'abord les brins qui composaient sa botte. Il y en avait mille trois cent sept. Une pauvre botte!

Il fit ensuite une expérience pour savoir combien il fallait de temps pour sécher un brin. Il fallait trois quarts d'heure.

Cela faisait donc en tout, pour les mille trois cent sept brins, une somme de neuf cent quatre-vingt heures et quinze minutes, soit, à une demi-heure de soleil par jour, dix-neuf cent soixante et un jour.

En mettant que le soleil ne brille, en moyenne, qu'un jour sur trois, on arrivait à un total de seize ans, un mois, une semaine et six jours.

C'était, à six mois près, ce qui lui restait à faire.

Il se mit donc à l'œuvre.

Chaque fois que le soleil brillait, le prisonnier portait un brin de paille dans le rayon, et usait ainsi tout son soleil. Le reste du temps, il gardait au chaud sous ses vêtements ce qu'il avait pu sécher.

Dix ans se passèrent. Le prisonnier ne couchait plus que sur un tiers de botte humide, et il avait la poitrine bourrée des deux autres tiers, qui avaient sué peu à peu.

Quinze ans se passèrent. O joie! Il ne restait plus que cent trente-six brins de paille humide.

Encore quatre cent huit jours, et le prisonnier pourrait enfin se dresser, fier de son œuvre, vainqueur de la société, et crier d'une voix vengeresse avec le rire satanique des révoltés :

— Ah ! ah ! vous m'aviez condamné à la paille humide des cachots. Eh bien ! pleurez de rage ! je couche sur de la paille sèche.

Hélas ! le sort cruel guettait sa proie.

Une nuit que le prisonnier rêvait à son bonheur futur, dans son ivresse il fit des gestes fous, renversa sa cruche, et l'eau tomba ruisselante sur sa poitrine.

Toute la paille était mouillée.

Que faire maintenant ? Recommencer le travail de Sisyphe ? Passer encore quinze ans à faire entrer des brins de soleil dans des brins de paille ?

Et le découragement ! Vous, les heureux du monde, qui renoncez à un plaisir quand il faut faire vingt-cinq pas pour l'avoir, oserez-vous lui jeter la première pierre ?

Mais, direz-vous, il n'avait plus qu'un an et demi à attendre !

Et comptez-vous pour rien l'orgueil blessé, l'espoir avorté ? Quoi ! cet homme aurait travaillé quinze ans pour dormir sur une botte de paille sèche, et il consentirait à quitter sa prison en portant dans ses cheveux des brins de paille humide ! Jamais ! On est digne ou on ne l'est pas.

Huit jours et huit nuits il se débattit dans les angoisses, luttant avec le désespoir, essayant de reprendre pied dans l'anéantissement qui l'envahissait.

Il finit par lâcher prise et par s'avouer vaincu. Il avait perdu la bataille.

Un soir, il tomba sur les genoux, brisé, désespéré.

— Mon Dieu ! dit-il en pleurant, je vous demande pardon d'être sans courage aujourd'hui. J'ai souffert pendant trente ans, j'ai senti mes membres maigrir, ma peau se mortifier, mes yeux s'user, mon sang pâlir, mes cheveux et mes dents tomber. J'ai résisté à la faim, au froid, à la solitude. J'avais un désir qui soutenait mes efforts, j'avais un but à ma vie. Maintenant mon désir est impossible à satisfaire. Maintenant le but a fui pour toujours. Maintenant je suis déshonoré. Pardonnez-moi de déserter mon poste, d'abandonner la bataille, de me sauver comme un lâche. Je n'en puis plus.

Puis un accès d'indignation le reprit :

— Non, cria-t-il, non, mille fois non ! Il ne sera pas dit que j'aurai perdu ma vie pour rien. Non, je ne suis pas vaincu ! non, je ne déserterai pas ! Non, je ne suis pas un lâche ! Non, je ne coucherai pas une minute de plus sur la paille humide des cachots ! Non la société n'aura pas raison de moi !

Et le prisonnier mourut dans la nuit, vaincu comme Brutus, grand comme Caton.

Il mourut d'une indigestion héroïque. Il avait mangé toute sa paille.

Sainte-Pélagie, septembre 1876.

GEORGES LA SAINTE

A Ernest Jaubert

> Et moi, de qui les observances auront
> purifié l'âme...
>
> KALIDASA.

Quand vint son tour de parler, Beauminet parla ainsi :

Ce fut un éclat de rire, au cercle, le jour où comte Raoul des Fondrilles nous annonça que son frère allait se faire Jésuite. Non pas qu'on ne respectât fort les Pères ; mais cela semblait si drôle, de voir un Fondrilles endosser la robe noire !

Songez donc ! Raoul, le grand Raoul, le bac fait homme, le duelliste fou, le don Juan de la bande, et un don Juan qui ne prenait pas ses Elvires chez les cocottes, Raoul la terreur des maris, Raoul enfin, avoir pour frère un saint homme ! Il y avait bien de quoi s'esclaffer, hein ?

Moi seul, tout en riant, je ne fus pas étonné. Car j'avais connu au collège le frère de Raoul, Georges la Sainte.

Au milieu de l'hilarité générale, il y eut une note discordante. C'est cet idiot de Mazurier, un prétendu voltairien, un Homais faufilé chez nous je ne sais comment, qui lâcha ce couac.

— Alors, sa fortune vous passe sous le nez? fit-il à Raoul. Les Jésuites empoignent encore ça?

On lui tourna le dos sans lui répondre.

— La vérité, me dit Raoul, je n'ai pas besoin de la dire à cet animal, même pour le convaincre. Je n'y tiens pas. La vérité, c'est que Georges, au contraire, me fait une donation entre vifs de tout ce qu'il a, mais à une condition... Sais-tu laquelle?

— Non.

— A condition que je me marie.

— Quelle idée !

— Pas si bête, son idée ! Nous ne sommes plus que deux Fondrilles, et il ne veut pas que le nom s'éteigne.

— Et tu te marieras?

— Allons donc ! Je lui ai dit que, s'il tenait absolument à éterniser les Fondrilles, il n'avait qu'à se marier lui-même. Il a bondi. Il est comique, ce petit-là. La pensée d'une femme lui met deux pieds de rouge sur la figure.

.˙.

Cela se passait, j'ai oublié de vous le dire, il y a plus de dix ans, six mois environ avant la déclaration de la guerre.

A cette époque, Raoul avait vingt-sept ans, Georges vingt-deux. Quand la guerre éclata, Raoul était en Franche-Comté, au château des d'Herbelet, en train de flirter avec la comtesse ; Georges était au séminaire et devait recevoir les ordres à la Noël prochaine.

— Eh! eh! dit Mazurier au cercle, ce veinard de Georges, croyez-vous qu'il a eu le nez creux de choisir la soutane ! Exemption militaire. Et si Raoul part comme mobile, et s'il a la figure cassée, c'est encore les Jésuites qui vont hériter.

.˙.

Reichshoffen, Sedan, Metz, le siège de Paris !

tout le monde soldat! Le cercle fut désert, la bande disloquée. On s'en alla chacun de son côté au service, et Mazurier en Belgique.

Moi je fis la campagne de la Loire, comme dragon dans un régiment de marche. Que devenaient les amis? Où était celui-ci, celui-là? En mourait-il? je n'en savais pas grand'chose.

Pourtant, un jour, sur un bout de journal, je vis annoncer la mort de Raoul des Fondrilles, tué à l'ennemi. Je ne pus m'empêcher de songer à la prédiction de Mazurier.

Un mois après, je reçus une lettre qui avait couru à ma suite de campement en campement. Elle était de M⁰ Fiévain, notaire à Besançon, et contenait un autre pli cacheté. Le notaire m'annonçait que Raoul avait déposé chez lui, au début de la campagne, ce pli à mon adresse, avec mission de le faire parvenir au cas où il mourrait pendant la guerre. Le cas prévu était arrivé, et le notaire exécutait la volonté de son client.

Je ne sais pourquoi, la main me trembla en brisant le cachet rouge qui fermait la lettre de Raoul. Il me semblait ouvrir une correspondance d'outre-tombe. Voici cette lettre, que j'ai toujours gravée dans ma mémoire, moi qui, pourtant, n'ai jamais eu le moindre accessit de récitation.

.˙.

« Mon cher ami,

» Je suis un grand fou, et toi de même. Mais la dame de pique, les cabinets particuliers, les maris mis à mal, les dettes absurdes, les duels stupides, la vie gâchée, tout cela ne nous empêche pas d'avoir du cœur, n'est-ce pas? Et la preuve, c'est que nous allons gaiement nous faire trouer la peau sur l'ordre d'un Gambetta, mais pour la France.

» Eh bien! moi, mon cher, ce n'est pas si gaiement que ça. Ne t'étonne pas! J'ai un poids sur la conscience. Oui, moi. Une fille trompée, séduite, enceinte. Tu me diras que j'en ai fait bien d'autres, et avec des femmes mariées! Soit! Mais, là, c'est une innocente, et je m'en repens. Inutile de te narrer mon roman par le menu. En deux mots, sache qu'il s'agit d'une paysanne, une bergère, quoi! Est-ce assez ridicule, hein? Daphnis et Chloé, à mon âge, moi, le Raoul du cercle! Tu vas rire.

» Non, tu ne riras pas. Je te connais, beau masque. Un masque, nous en avons tous un, masque de viveur, de sceptique, d'aliéné. Mais dessous il y a une peau, et, sous cette peau, un homme. C'est à cet homme-là que je parle, mon cher.

» Est-ce le malheur de la patrie qui me rend grave ? Je le crois, et j'en suis fier. Donc je pense à cette fillette et à l'enfant qu'elle peut mettre au monde.

» Si j'étais tué !

» Dans cette prévision, je laisse une lettre pour mon frère, afin qu'il se charge de la mère et de l'enfant. Mais, je ne sais si j'ai raison, toujours est-il que je ne suis pas tranquille de son côté. Il va être prêtre, Père Jésuite. Les scandales de ma vie doivent lui faire horreur. J'ai peur qu'il ne prenne ma volonté dernière pour un caprice de libertin *in extremis*. J'ai peur qu'il ne puisse comprendre ce scrupule étrange qui me vient après tant de folies. Bref, je tiens à ce que tu sois au courant de la situation, à ce que tu puisses peser sur lui au cas où il hésiterait, et le remplacer au cas où il se déroberait.

» Je veux que cette femme et cet enfant vivent

et soient heureux, comprends-tu? Mettons que c'est une excentricité de ma part; je te sais assez excentrique toi-même pour la respecter, et je compte sur toi.

» Bonne chance, *my darling!* meilleure chance que ton toqué de Raoul! Car, si tu lis ceci, c'est que j'aurai tiré un patard au bac de la guerre.

» Tout à toi, et merci.

» RAOUL DES FONDRILLES. »

Suivaient des renseignements précis : le nom de la fille, le lieu où elle se trouvait (Auxon-Dessous, près Besançon), le montant de la pension que Raoul voulait lui faire, etc., etc...

*
* *

Merci, me disait-il! Voilà qui va bien. Je suis tout prêt à lui obéir. Mais comment diable le faire tout de suite? Comment me rendre à Auxon-Dessous? Où retrouver Georges? Nous étions sur la Loire, et lui devait être dans Paris bloqué. Puis je ne pouvais pas quitter mon régiment.

Un mois se passa. Notre corps d'armée, délabré,

fut refondu avec une division nouvelle, et versé dans l'armée de l'Est, sous Bourbaki. On allait vers Besançon. Quelle chance !

Oui, mais va te faire lanlaire ! Pas le temps de s'arrêter, de pousser jusqu'à Auxon-Dessous. En avant ! en avant ! On tentait un effort suprême, le coup de collier de la fin ! Quelles belles illusions dans cet armée en loques, faite de pièces et de morceaux, pleine de mobilisés ahuris, de moblots de la Loire, où l'enthousiasme survivait quand même ! On allait débloquer Belfort, faire une trouée en Bavière, tomber sur les derrières des investisseurs de Paris ! Je vous jure que nous étions un tas à croire cela.

Et pourtant, quelle misère, quel désarroi, quel chaos ! Pas de vivres réguliers ! Des zouaves avec des jupons en guise de culottes ! Des moblots sans officiers ! Des régiments de cavalerie composés à la hâte, cuirassiers, dragons, lanciers, pêle-mêle avec des spahis envoyés par les goums arabes ! Je me rappelle toujours, le matin qu'il faisait vingt-sept degrés de froid, comme on marchait à pied, traînant les chevaux par la figure, je me rappelle cet ancien cent-garde, qui dépassait tout le monde du buste et dont le grand manteau rouge faisait une tache de sang sur l'horizon gris.

※

Nous arrivâmes à Héricourt. Comme on se rangeait en colonnes par escadrons, un cavalier vint à nous ventre à terre, un aide de camp, la plume tricolore au chapeau. Il apportait à notre régiment de marche l'ordre de charger dans le fer-à-cheval d'Héricourt, si les Lyonnais ne pouvaient s'y maintenir. Son ordre transmis, il resta près du colonel, en lui disant :

— Je charge avec vous.

J'étais près de là. Sa voix me saisit. Je la connaissais.

— Pas possible ! m'écria-je. C'est Georges.

Oui, c'était lui, le futur Jésuite, lui que je croyais prêtre. C'était Georges la Sainte.

Il me vit et vint à moi.

— Tu a reçu la lettre de Raoul, me dit-il sans autre préambule.

— Oui, et toi?

— Moi aussi.

— Et qu'as-tu fait ?

— J'ai fait mon devoir, répondit-il simplement.

Sa tranquillité, sa douce figure imberbe sous ce claque empanaché, ce lévite devenu aide de camp, tout me stupéfiait : je n'y comprenais rien.

— C'est vrai, fit-il soudain, tu ne sais pas. Tu as le droit de savoir. Je vais tout te dire. J'ai vu la petite et l'enfant. La fille était honnête. Mon frère s'était mal conduit. L'enfant était un fils. Alors...

A ce moment, un second aide de camp vint donner contre-ordre, et remplacer Georges, que le général rappelait auprès de lui.

— Vite, vite, écoute, me dit-il.

Entre notre aile et celle de son général, une masse noire s'interposait en grouillant. C'étaient les Prussiens.

— Alors me dit-il, sans perdre de son calme superbe, alors comme je ne veux pas que le nom des Fondrilles s'éteigne, comme il fallait racheter la faute de Raoul, alors...

— Dépêchez-vous, lieutenant, lui cria le colonel. Vous allez avoir le chemin coupé.

Georges regarda, puis me dit :

— Alors, j'ai épousé la fille et reconnu l'enfant; je suis parti le jour même comme soldat, et j'espère bien mourir sans avoir rompu le vœu de chasteté que je voulais prononcer un jour. Adieu!

Il me serra la main et piqua des deux. Assez longtemps, je suivis du regard la flamme tricolore de son chapeau.

Tout à coup, une effroyable décharge éclata sur notre droite. C'était le troupeau noir des Prussiens qui prenait position par une mitraillade.

A travers cette mitraillade galopait Georges.

Quand la fumée bleue qui se traînait sur la plaine se fut dissipée, là-bas, tout là-bas, j'aperçus un cheval effaré qui fuyait sans cavalier, et, par terre, au milieu de la neige encore immaculée, Georges la Sainte, qui était mort, l'épée au fourreau, les bras en croix.

UN SUJET DE CHRONIQUE

A Lopez de Lastobé

> Arrivé, suivant une ligne directionnelle d'efforts à la fois spontanés et réfléchis, à l'individuation sur la ligne virtuelle de la projection du Dieu-Total, que, de notre plein cœur et de toute notre âme, nous avons été couper à la hauteur angulaire de notre personnelle portée, nous avons ainsi atteint le faîte de notre élémentarisation propre.
>
> Docteur HENRI FAVRE.

— Veux-tu un sujet de chronique ?

— J'te crois.

Un bras s'était fourré sous le mien ; une voix avait chuchoté dans mon cou la proposition magique ; j'avais répondu oui à brûle-pourpoint, sautant sur l'occasion qui passait, avant même de savoir qui me l'amenait ainsi par le bout de l'oreille.

Je me retournai, seulement alors, pour voir à quel bon génie j'avais affaire, bien que les bons génies, s'il en existe encore, n'aient guère l'habitude de se promener sur le boulevard. Ainsi pensais-je, et je me trompais. Car c'était bien un bon génie.

C'était mon ami J. G..., qu'on pourrait aussi appeler Gygès, vu qu'il sait tous les secrets parisiens. Si j'étais directeur de journal, je le couvrirais d'or pour qu'il vînt seulement bavarder une demi-heure par jour devant ma rédaction réunie. Mais je le connais : il refuserait sous prétexte que cette demi-heure est précisément celle pendant laquelle il aime à ne rien dire.

Quelle veine ! Il avait juste envie de parler en ce moment-ci. On juge si je me frottai joyeusement les mains.

— Vas-y donc, lui dis-je, ton sujet doit être fameux.

Il me lança un malin regard à travers son monocle impertinent.

— Oui, fit-il ; mais, par malheur, tu n'oseras pas le traiter.

— Pourquoi ?

— Parce qu'il y a des noms propres, et que tu n'es pas de la race des potiniers. Tu vas t'imaginer qu'une pudeur te défend de...

— Raconte toujours. Je verrai après ce que je dois faire.

— C'est vrai. Aussi bien, si tu n'en tires pas une chronique, y pourras-tu trouver un conte, ou un roman, ou un drame, ou même une ode.

— Diable ! va vite ! Tu me mets l'eau à la bouche.

— Eh bien ! crache. Moi je tousse, et je commence. Et, tiens, vois comme je suis gentil ! Pour t'épargner tout scrupule, je ne te les dirai pas, ces noms propres qui pourraient t'effaroucher. Si tu es un curieux, devine-les. Mais si tu es simplement un artiste, à quoi bon ? L'histoire en elle-même suffira à te satisfaire. Je garde le cancan. Je te donne le poème.

Et, du bout de ses fines lèvres, parmi les bouffées bleues de sa cigarette, à travers les ironiques froncements de sa moustache mordorée, il laissa nonchalamment tomber ce qui suit :

*
* *

« Il y avait une fois un millionnaire extrêmement millionnaire, et qui, par-dessus le marché, n'était point une bête. Aussi vivait-il très heureux, n'étant pas aussi embarrassé de ses millions que le sont ordinairement ses confrères. Il était, d'ailleurs, fort bon, et faisait beaucoup de bien, en sorte qu'on ne lui portait pas plus envie qu'il ne faut.

» Or, il advint qu'un jour cet homme fut trouvé mort de mort subite, et cela causa un grand deuil dans sa famille et dans tout le pays. Les gazetiers en profitèrent pour paraphraser les vers de Malherbe sur la Mort qui n'épargne pas plus les riches que les pauvres. Les spécialistes y ajoutèrent une petite tirade sur les dangers de l'anévrisme, et... »

— Pardon, fis-je à mon ami, si c'est une scie que tu as l'intention de me faire, mieux vaut le dire tout de suite. Je suis pressé, et tu abuses vraiment de moi, en m'apprenant que la mort est aveugle et que l'anévrisme est malsain.

— Comme tu es impatient ! reprit-il. Et qui te dit, au reste, que cet homme avait succombé à un anévrisme ? Ce sont les gazetiers qui racontèrent cela, et tu dois savoir qu'ils mentent, étant de la partie.

— Alors, ce n'était pas un anévrisme ?
— Non.
— Un assassinat, peut-être ?

— Non plus. Tu sautes tout de suite au mélodrame.

— J'y suis. Il s'agit d'un suicide.

— Parfaitement. N'est-ce pas que cela commence à t'intéresser?

— Ma foi! répliquai-je après un instant de réflexion, ma foi! non, pas tant que ça ! Le cas est assez banal en somme. On voit souvent, et en Angleterre surtout, et à notre époque en particulier, des millionnaires se dégoûter de la vie. De la satiété au spleen, et du spleen au suicide, la route est connue.

— Aïe donc, monsieur du philosophe! Va ton petit train, mon bonhomme! Ah! tartineur du diantre! Mais écoute donc un peu la fin de l'histoire, avant d'en tirer une morale. Et qui te dit que le suicide a eu pour cause le dégoût?

— Dame ! c'est vraisemblable.

— Et ce n'est pas vrai. Le vrai n'est jamais vraisemblable; tu vois que je suis plus radical que Boileau. Écoute donc, et si tu aimes ce qui n'est pas banal, tu vas être servi.

Il continua :

*
* *

« Non, ce n'est pas par dégoût que cet homme s'est tué. Ne l'ai-je pas dit qu'il était intelligent? Comme tel, il savait éviter la satiété; car son esprit lui servait d'hygiène contre ce mal funeste aux millionnaires. Il avait l'art de se créer des goûts, délicats et difficiles, de ces goûts artistiques auxquels un Crésus peut se plaire, ni plus ni moins qu'un gueux. Avec cela, on prend la vie en patience même quand on n'a pas de fortune, à plus forte raison quand on en a trop.

» Ce n'est pas non plus, comme l'ont cru quelques esprits superficiels, par suite de mauvaises affaires qu'il a perdu la tête. Eh! quelles mauvaises affaires pouvaient donc lui être sensibles, je vous demande un peu? Vingt, trente millions, ne comptaient pas pour lui. D'ailleurs, il appartenait à cette catégorie de riches dans les mains de qui toutes les affaires sont bonnes; car c'est eux qui font la pluie et le beau temps à la Bourse.

» Non, si cet homme a eu recours à la mort, c'est qu'il s'est trouvé acculé à une impasse dont tous les millions du monde ne pouvaient le tirer.

» Il a été pris d'un désir impossible à satisfaire.

» Voilà qui te renverse, hein? Qu'a-t-il bien pu désirer? La lune? Un cheveu de comète? Le trèfle à quatre feuilles? Pas tant que cela, ô poëte. C'est vous autres, fous, qui désirez des choses pareilles. Et, ce qu'il y a de plus fort, c'est que vous arrivez à les obtenir. En imagination, certes mais cela vous suffit. Lui, il a désiré un bien beaucoup plus accessible, un bien que sa fortune semblait propre à lui donner sans conteste, un bien cependant qu'il n'a pù avoir... un bien qui...

— Voyons, dis-je, ne me laisse pas languir plus longtemps. Ne fais pas ta madame de Sévigné. Je donne tout de suite ma langue au chat. Allons, parle, dépêche-toi. Quel bien?

— Une femme.

Je restai un moment interdit. Puis à la réflexion cela ne m'étonna pas outre mesure. Je suis de ceux qui croient à ce phénomène qu'on appelle une femme honnête. Évidemment notre millionnaire était tombé sur une exception de ce genre, quelque brave et digne épouse, mère de famille peut-être millionnaire aussi sans doute, étant de son monde, et qui par conséquent offrait peu de prise à la séduction.

J'expliquai ainsi les choses à mon ami. Il m'éclata de rire au nez.

— Mais, reprit-il, puisque je te dis que mon histoire n'est pas vraisemblable. Ce que tu imagines-là, c'est bête comme tout. Ah! vos inventions, pauvres bâtisseurs d'intrigues, quelles limonades auprès de la réalité! En voilà une romancière, et une terrible, et qui vous a de l'imprévu! Tiens-toi bien, tu vas sauter en l'air.

Il s'arrêta, me mit les mains sur les épaules comme s'il craignait vraiment de me voir bondir, et me dit tranquillement :

— Il aimait une fille.

.*.

Je ne bondis pas du tout, ainsi que G... l'espérait.

Dame! Ici encore je trouvais mille explications plausibles, et je les fis valoir victorieusement, tandis que le malicieux conteur me narguait de l'œil, derrière son monocle.

Rien de plus simple, pensais-je et disais-je!

L'homme était un délicat, et il s'est senti écœuré par l'infamie même de sa passion. Bien d'autres avant lui, et sans être millionnaires, ont de la sorte éprouvé un haut-le-cœur en s'apercevant, qu'ils buvaient en pleine boue, et alors ils ont préféré vomir leur vie avec leur amour.

Autre hypothèse : notre homme, étant intelligent, n'a pas coupé dans le pont des réhabilitations à la mode. Oui, oui, c'est bien cela, le désir impossible dont on parle! Il a compris que tous ses millions seraient impuissants à refaire une virginité. Et c'est à cette virginité qu'allaient ses vœux. Vœux inutiles ! Peines perdues d'avance ! Tout s'explique : il s'agit d'un chercheur de quadrature du cercle, d'un passionné buté à l'absurde, et qui le sait, et qui ne peut se résoudre à y renoncer, et qui...

— Encore des inventions d'homme de lettres, interrompit G... d'une voix sarcastique. Toujours la vie interprétée à travers des souvenirs de livres ! Mais, pour la dernière fois, je te répète que mon histoire n'est pas banale. Imagine donc au moins quelque chose de tout neuf, d'absolument étrange, d'inouï. Ou plutôt, va, ne te donne donc pas tant de peine ! Ouvre simplement tes

7.

deux oreilles, et laisse-moi reprendre le fil de mon conte de fée. Contente-toi seulement, si tu le peux, d'en être ensuite le Perrault moderne.

Il me jeta un regard de pitié et termina ainsi :

*
* *

« Donc, il arriva que ce millionnaire devint amoureux fou d'une fille. Oh! pas une de ces filles du *high life*, qui sont des banquiers en jupons, et qui font la bourse de leur vogue. Une de celles-là ne l'eût pas réduit au désespoir. Mais celle qu'il rencontra était une espèce de bohème, une de ces grisettes dont on croit à tort que la race a disparu, une de ces gamines qui n'en font qu'à leur tête et qui ont mauvaise tête, quoique bon cœur.

» Celle-ci se mit tout d'abord dans la caboche que le monsieur ne lui *revenait* pas.

» — Mais c'est X... lui dit-on.

» — Qui ça, X...? L'homme si riche?

» — Oui.

» — Oh! chouette alors! Ça sera bien plus drôle.

» — Qu'est-ce qui sera plus drôle?

» — Eh bien ! son four, parbleu ! Vous ne comprenez pas? C'est pourtant clair. Une fois, deux fois, trois fois, je lui dis non, mon bonhomme. Est-ce entendu? Pourquoi? Pour rien. Pour la rigolade, donc. Ça m'amuse, moi, qu'un homme comme ça ait un béguin pour Nini et que Nini lui réponde : *Des panais!* Et c'est mon dernier mot, na.

» Et, comme une gosse de faubourg, elle leva la main droite et cracha par terre, en signe de serment. Et elle l'a tenu, ce serment; et le millionnaire n'a jamais pu avoir seulement un baiser de cette mauvaise galopine que n'importe qui avait eue tout entière pour un louis, pour moins encore, même pour rien; et il est resté avec son désir inassouvi, et il s'en est tué. Voilà ! »

*
* *

Pour le coup, j'étais ahuri, j'en conviens. Quel roman, en effet ! Quel drame ! Quel poème aussi !

G... jouissait de ma stupéfaction et me considérait avec un air de plus en plus narquois.

— Farceur! m'écriai-je tout à coup. Faut-il que je sois bête! Tu m'inventes là des bourdes à dormir debout, et je t'écoute comme un oracle.

— Est-ce un sujet de chronique? me répliqua-t-il.

— Je ne dis pas, mais...

— Mais tu crois que c'est une blague, n'est-ce pas.

— Parbleu!

— Eh bien! je vais te dire les noms.

Et, se penchant à mon oreille, il ajouta, d'un ton extrêmement sérieux et qui n'admettait pas de réplique :

— C'est...

Ma foi! Cherchez! Moi, je n'ose pas l'imprimer tout à trac. Ce diable de G... a l'œil si gouailleur sous son monocle!

L'AS DE CŒUR

A Joseph-Félix Bouchor

> Le musc et l'amour ne peuvent se cacher.
> *Proverbe turc.*

Ces diables de Russes ont vraiment le crâne autrement fait que nous ! Avec leur nature, pétrie de civilisation raffinée et de barbarie toujours vivace, ils vous ont des façons à eux de traiter les choses et les gens, un imprévu de conduite, un étrange dans la passion, un je ne sais quoi qui étonne même quand on croit les bien connaître.

C'est ainsi que Boris Mirskow m'a stupéfié hier, en me racontant, d'un air absolument calme d'ailleurs et détaché, la bizarre fin qu'ont eue ses amours avec la princesse de Z...

Et pourtant, s'il y a au monde un Russe qui ait bien dépouillé le vieil homme, un Russe tout à fait dérussifié, un Moscovite sous lequel, en grattant, on ne s'attende pas à trouver le Cosaque, un Cosaque sous lequel on ne puisse flairer l'ours, s'il y a dans Paris un Parisien parisiennant, sceptique, léger, ennemi du Romantisme et confit en correction moderne, c'est bien ce grand blond de Boris !

Une figure de poupée et un cœur idem, voilà le pèlerin. Charmant, au reste, exquis, suave même, tant son égoïsme aimable sait rendre la vie douce, non seulement pour lui, mais autour de lui. Avec cette souveraine indifférence, jamais de discussion à craindre, jamais d'enthousiasme à subir ! Quel délicieux camarade ! Quel superbe épanouissement de tranquillité d'âme ! Ou plutôt, quelle merveilleuse absence d'âme !

Tout cela, je le pensais encore avant-hier. Damné garçon, va ! Comme il nous trompait tous sous cette apparence gnian-gnian ! Dire que c'est à lui que vient d'arriver cette aventure folle, extraordinaire, invraisemblable ! Parbleu ! j'en ai encore froid dans le dos !

.˙.

Vous connaissez le prince, au moins de réputation, me dit-il. C'est un joueur fieffé. A peu près infirme, cloué dans son fauteuil, il ne vit que pour sa passion. Ses mains débiles n'ont plus que la force nécessaire à tenir et à jeter les cartes. Sa tête, en revanche, est restée solide, son intelligence claire. Nul mieux que lui ne sait les combinaisons de l'écarté, son jeu favori, ce jeu divin où se trouvent le plus exactement balancées les ressources de l'art et les chances du hasard. On peut affirmer qu'il en est le de Moltke.

Quant à la princesse, quel Parisien ne la connaît, elle et son histoire ? C'est vous dire que lorsque j'arrivai dans ses faveurs, j'y arrivai quelque chose comme bon vingtième. Et vingtième en ne comptant que les noms notables. Oh ! je ne lui en fais pas un reproche, Dieu m'en garde ! Elle est ce qu'elle est. Au demeurant, avec un mari comme le prince, tout est permis, n'est-ce pas ? D'autant plus que le prince a toujours pris la chose le plus philosophiquement du monde. Il faisait mine de ne rien savoir jamais. Même quand on parlait devant lui de quelque mari malheureux, il avait coutume de demander :

— L'a-t-il vu ?

Et si l'on répondait que non, il ajoutait :

— Alors il n'est pas trompé. Il en est de cela comme du jeu. On n'est volé que lorsqu'on s'en aperçoit.

Or il faut avouer que la princesse, tout en se conduisant mal, se conduisait bien à cet égard. Elle évitait le scandale, sauvait les apparences, et faisait sauter la coupe en amour avec une habileté prestigieuse. Si le prince était le de Moltke de l'écarté, elle était le Robert-Houdin de l'adultère.

*
* *

Mais il n'y a si bon escamoteur qui ne finisse par manquer son tour. Il suffit, pour cela, d'un compère maladroit ou malveillant. C'est la malveillance qui fit manquer le nôtre.

La princesse avait pour femme de chambre une Tzigane, dévouée comme une panthère apprivoisée. Apprivoisée, oui ; mais panthère, hélas !

Cette fille, je ne sais pourquoi, me dit un soir, entre deux portes :

— Je t'aime.

J'éclatai de rire.

— Je t'aime, reprit-elle, et depuis longtemps. Je ne veux plus que tu voies la barine.

Malgré l'accent sauvage, malgré l'éclair de ses yeux jaunes, je ne vis que sa figure, plus jaune encore, et je me mis à rire de plus belle. Je pensais qu'elle avait bu trop de koumouiss. Je la repoussai doucement, tout plein d'indulgence pour son ivresse; car j'avais moi-même la tête un peu folle de champagne.

— Tu ne veux pas? fit-elle, en s'accrochant à mon bras et en me baisant la main. Vraiment donc, tu ne veux pas?

Et, comme je riais toujours davantage, elle se redressa avec un grincement de dents, et m'ouvrit la porte du boudoir en me disant d'une voix basse et aigre :

— Tu t'en repentiras, monsieur, tu t'en repentiras.

∴

Une heure après, j'en riais encore avec la princesse, sur le grand divan en renard bleu où elle aimait à se reposer. Tout à coup, nous entendons des cris dans le petit boudoir qui précédait la chambre à coucher, des cris et des bruits de pas.

— La voix du prince ! Ce n'est pas possible ! fit Elza.

Oui, c'était bien la voix du prince qui répétait sur un ton aigu :

— Mais tu es folle, tu es folle, allons ! Tu me fais mal.

D'autres voix s'y mêlaient, confuses. Et, au-dessus de la clameur bourdonnante, le fausset furieux de la Tzigane glapissait :

— Vous le verrez ! Tout le monde le verra ! Je le veux, je le veux. Et ne me touchez pas, vous autres, ou je le mords à la gorge. La porte, enfoncez la porte, ou je le mords.

— Oui, oui, enfoncez la porte ! cria le prince.

Et la porte s'ouvrit sous une poussée. Tout cela très vite. Impossible de reprendre une tenue correcte ! Impossible de me cacher ! D'ailleurs, je ne le voulais pas.

Ils étaient là une dizaine de gens, amis de la maison, domestiques, et au milieu la Tzigane, qui tenait le prince dans ses bras comme un enfant. Je compris tout. Elle l'avait emporté de force, dans un accès de rage, avec une violence de tempête qui roule une feuille. Et elle le jeta par terre en hurlant :

— L'avez-vous vu ? L'avez-vous vu ?

— Empoignez-la ! dit le prince. On l'enverra aux mines.

— Qu'est-ce que cela me fait ? répondit-elle en tendant ses bras à deux moujicks. Maintenant, je suis vengée.

Puis, se tournant vers moi, elle ajouta :

— Tu ne verras plus la barine.

.˙.

Sur l'ordre du prince, qu'on avait relevé et assis dans un fauteuil, tout le monde sortit, excepté deux de ses amis qu'il pria de rester. Quand nous fûmes seuls ainsi :

— Monsieur, me dit-il, je pourrais vous tuer, vous et votre complice, et punir le flagrant délit comme j'en ai le droit. Mais il me plaît de ne point le faire, et de vous demander réparation par les armes.

Ma parole ! ainsi que tout à l'heure avec la Tzigane, j'eus encore envie de rire. Quoi ! un duel avec cet infirme ! Mais un duel à quoi ? Ni l'épée ni le pistolet ne pouvaient tenir dans sa main.

Le prince comprit ma pensée et reprit :

— Ne me croyez pas plus fou ni plus généreux que je ne suis, monsieur. Le duel que je vous offre est fort possible, comme vous allez voir.

Il sonna, un domestique entra.

— Allez chercher un jeu de cartes au salon, lui dit-il.

Quand le jeu fut sur la table qu'il avait fait approcher de son fauteuil, le prince me désigna du doigt un siège et ajouta d'un air très calme et presque affable :

— Nous allons jouer une partie, monsieur, si vous le voulez bien, et celui des deux qui la perdra devra se tuer demain avant midi. Acceptez-vous, mon cher ?

— J'accepte. A quoi jouons-nous ?

— A l'écarté, je vous prie.

— Soit ! En combien de points ?

— En cinq sec.

La partie commença, sous les yeux des deux témoins, et aussi de la princesse, qui s'était rapprochée, attirée malgré tout par l'étrangeté de ce duel.

Le prince était mon maître, cela ne faisait pas un doute. Mais le hasard me favorisa d'une façon surprenante. Bientôt nous fûmes quatre à...

*
* *

— Eh! parbleu! dis-je à Boris, vous n'avez pas besoin de me conter la fin de l'histoire. Elle se devine, puisque vous êtes là. C'est le prince qui a perdu.

— Du tout, répondit Boris. Le prince a gagné.

— Mais, alors ?...

Et j'eus une moue de mépris, pensant que Boris avait eu la lâcheté de ne point payer son enjeu. Il sourit malicieusement et continua :

— Tenez, lisez le mot suivant, que je reçus un quart d'heure après, pendant que je visitais les batteries de mon revolver.

Il me tendit un as de cœur, sur lequel le prince avait écrit :

« Monsieur,

» D'après mes théories, vous n'avez pas été volé, » puisque vous ne vous êtes aperçu de rien. Mais

» je sens qu'il me sera désormais impossible de
» toucher aux cartes, après les avoir déshonorées.
» Et vivre sans elles, je ne saurais ! J'ai triché
» tout à l'heure, monsieur, pour la première et
» la dernière fois de ma vie. Nous étions quatre
« à. J'ai fait sauter le roi. Pardonnez-moi ! Je
» vais faire sauter le prince. » . . . .
. . . .

LA JAMBE DE FATMA

A Georges Rochegrosse

> Heureux ceux qui baisent le miel des lèvres des jeunes femmes, couchées dans leurs bras, la chevelure dénouée, les yeux noyés et demi-clos, et les joues mouillées de sueur par les fatigues de l'amour.
>
> BHARTRIHARI.

Tous les gommeux ne sont pas des imbéciles, comme le croient volontiers les gens qui s'habillent à la Belle Jardinière. Parmi ces oisifs, qui ne font œuvre de leurs dix doigts, il y en a qui pourraient écrire des choses curieuses s'ils voulaient s'en donner la peine.

C'est ainsi que fut écrite la *Jambe de Fatma*, par un grand flandrin à qui je l'avais entendu conter. Je lui avais dit :

— Mettez donc cela sur du papier, pour voir.

Quinze jours après, — il avait pris son temps, — je reçus de lui une invitation à déjeuner, et, entre la poire et le fromage, il me lut l'histoire suivante :

∴

« Je n'apporterai pas au Grand-Prix de cette année un cœur aussi joyeux qu'à celui d'il y a trois ans ! Je n'y verrai plus ma petite-cousine Fatma, la fille du vieux général B..., la délicieuse Fatma, qui joignait à son étrange beauté algérienne toutes les élégances d'une miss enragée de sport.

Si vous avez assisté à ce Grand-Prix d'il y a trois ans, certainement vous l'avez remarquée, ma petite cousine Fatma. Elle était dans une des tribunes de droite, et elle attirait tous les regards comme un aimant les aiguilles. Moi, je ne vis qu'elle en arrivant.

A vrai dire, mon ami Octave de M... la vit encore avant moi. Mais cela s'explique. Je n'étais que le petit-cousin et il était le fiancé.

Vous rappelez-vous le temps de chien qu'il faisait le jour de ce Grand-Prix-là ? Le matin, en sortant de la fête de l'Opéra au profit de Szegedin, on avait trouvé un ciel superbe et l'on avait eu bon espoir. Puis, patatras ! Voilà que l'après-midi, un orage épouvantable crevait sur le champ de courses, aveuglant le monde, fripant les robes. Quelle pluie !

— Donnerre et éclairs ! grommelait l'Alsacien Jungblut, l'ordonnance d'Octave, en baissant la capote de la victoria... Un fent, mon lieudenant, à téraciner les ânes ?

Soudain, il y eut une éclaircie. Un coup de soleil vint trouer les nuages, allumer des diamants à la pointe des feuilles mouillées, et faire flamber les couleurs vives des toilettes. C'est dans ce coup de soleil que Fatma nous apparut.

Elle était debout, la taille svelte dans son manteau caoutchouqué, serré à la ceinture, et qu'elle n'avait pas retiré encore. Malgré le ton neutre de l'étoffe nuance mastic, elle éteignait toutes ses voisines. Seule, à quelque distance d'elle, une femme rayonnait aussi, le buste maillotté dans une cotte d'écailles où la lumière accrochait des étincelles papillotantes. C'est le premier corsage de ce genre qu'on voyait. Mais en elle on n'admirait que ce corsage ; et ce qui éblouissait dans Fatma, c'était l'impériale splendeur de sa beauté.

8.

Ses lourds cheveux noirs casquaient son front étroit et rendaient plus mate sa figure, dont le profil se détachait comme celui d'une médaille syracusaine. Mais à quoi bon la dépeindre? Tout Paris a connu cette tête, à la fois altière et charmante, qui faisait rêver d'une Diane chasseresse égarée au milieu des minois chiffonnés de nos Parisiennes.

Ah! le général avait raison d'en être fier, et l'on comprenait qu'il se rengorgeât. Il n'avait pas dû porter plus beau le jour qu'avec sa compagnie il avait pris un drapeau russe au pont de Traktir.

Trois heures et demie. Un grand silence. Les chevaux arrivent sur la piste. On se tasse. Fatma nous a vus et le général nous a envoyé un salut amical de la main. Octave est pâle de bonheur.

Puis, la course! J'ai tout dans la mémoire, et, en fermant les yeux, je retrouve le tableau comme s'il était d'hier.

Le peloton jaillit du tournant, lancé en grappe de boulets. On aperçoit *Saltéador*, avec sa robe d'alezan qui luit ainsi qu'un vieux louis d'or clair. Il s'allonge côte à côte avec *Nubienne*. Celle-ci, fouaillée par Hudson, en casaque orange et toque bleue à gland d'argent. Puis, *Flavio* et *Zut*. Derrière, battu, l'anglais *Scapegrace*, dont les couleurs criardes, violet et vert, semblent une flamme de punch. Hop! hop! dans le brouhaha des cris qu'ils traversent, ils viennent ils approchent, ils sont là. C'est *Nubienne* qui gagne d'une encolure.

Et je revois Fatma, toute droite, haussée sur la pointe des pieds, ses grands yeux de saphir étincelant, les narines palpitantes, qui bat des mains à la victoire de la France.

— Qui est-ce qui est premier? me demande Octave.

Il n'avait regardé que la jeune fille.

Un mois plus tard, en sautant un mur de deux mètres, le cheval de Fatma faisait panache, et on la rapportait à la maison avec une grosse contusion au genou.

— Ce n'est rien, va, ce n'est rien, disait-elle au général. Je ne veux même pas que tu l'écrives à Octave.

Octave, à ce moment, avait rejoint son escadron en Afrique, et fourrageait dans l'Aurès, en attendant les épaulettes de capitaine, avec lesquelles il devait revenir pour épouser Fatma. L'avancement était promis, et le mariage décidé pour le printemps.

Ce n'est rien, ce n'est rien! La courageuse enfant avait beau répéter cela, le mal ne fit qu'empirer. L'ecchymose passée, il resta une sorte de tumeur. Rien de cassé, c'est vrai ; mais un épanchement séreux dont les onguents ne pouvaient venir à bout. Il fallut se résigner à des ponctions, et mettre des aiguilles dans cette peau délicate. Le général ne vivait plus. Fatma le consolait, rieuse toujours.

— Eh bien! quoi! lui disait-elle. Ce n'est pas une affaire, voyons! j'aurai l'air d'avoir cousu avec mon genou.

Mais les ponctions elles-mêmes demeurèrent inefficaces. La tumeur ne désenflait pas. Six semaines, deux mois se passèrent. Fatma était toujours couchée. Elle commençait à s'impatienter maintenant, à devenir nerveuse. Elle riait encore, parfois, mais d'un rire forcé.

— Que veux-tu? faisait-elle. Il faudra y mettre les feux, comme à ma pauvre *Carmen*, quand elle eut son éparvin.

Ce mot d'éparvin, à propos de Fatma, rendait le général absolument fou.

Et pourtant, elle disait vrai, la brave fille. C'est le feu et le fer qui étaient nécessaires à présent.

Il y eut une grande consultation chirurgicale. Les maîtres de l'art furent unanimes. Il fallait des moxas et le bistouri, aller chercher l'humeur dans les couches profondes et gâter non plus la peau seulement, mais la chair.

Le général ne voulait pas.

— Il doit y avoir des pommades, disait-il, des eaux. Ce n'est pas possible qu'on ne trouve rien, rien.

Fatma fut plus raisonnable, et livra son genou à l'acier froid des bistouris, à la mèche cuisante des moxas.

On continuait à ne pas inquiéter Octave.

Il fallut pourtant bien lui tout dire, quelque temps après. Moxas et bistouris avaient été impuissants comme le reste. Une nouvelle consultation avait eu lieu, et la conclusion en était terrible : Fatma ne pouvait vivre que si on lui coupait la jambe.

Pour le coup, le général était devenu furieux.

— Jamais, jamais ! criait-il. Ce n'est pas vrai. Ces docteurs sont des ânes. On ne coupe pas la jambe à une enfant, à une jeune fille. Moi, oui, je ne dis pas. Les deux jambes, si ça leur fait plaisir ! Un soldat ; cela se comprend. Mais elle, qu'est-ce qu'elle a fait ?

Et le vieux brave disait des folies.

Octave fit chorus en arrivant. Pourquoi ne l'avait-on pas prévenu plus tôt ? Qu'est-ce que c'étaient que ces médecins qui s'étaient laissé acculer à une extrémité pareille ? Non, l'on ne pouvait pas en venir là ! Fatma vivrait, se guérirait.

— Eh ! oui, je veux vivre, dit la jeune fille. Je le veux parce que je t'aime, mon père, parce que je vous aime, Octave. Oui, je veux vivre, et pour cela...

Elle baissa la voix, et avec des larmes dans les yeux, elle reprit :

— M'aimerez-vous encore, Octave, quand je serai...

— N'achevez pas, interrompit Octave, à qui l'idée d'amputation faisait horreur, n'achevez pas !

— Soyez courageux, mon ami, répondit Fatma. N'ayez pas plus peur du mot que je n'ai peur de la chose. Parlons gravement. M'aimerez-vous encore quand je serai mutilée ?

Certes, il l'aimerait encore, toujours ! Il l'aimait tant ! Il le dit de toute son âme.

Et l'on fit l'opération.

— Eh bien ! docteur ? demandions-nous quelques jours après, dans le petit salon qui précédait la chambre de Fatma.

— Eh bien ! il y a quelque chose qui arrête la cicatrisation complète. Les bourgeons charnus sont pâlots. La malade est agitée, fiévreuse. Elle a une arrière-pensée, je ne sais quoi. Le moral est atteint, et cela influe, vous comprenez, sur le physique. Il faudrait l'interroger.

A la première question de son père, Fatma répondit tout de suite, sans ambages, crânement :

— Je veux me marier.

— C'est entendu, mon enfant. Aussitôt remise...

— Non, je veux me marier dès maintenant.

Et ses regards brillaient d'un feu étrange. Un désir sensuel, une flamme mystique, je l'ignore. De tout cela, sans doute. Un élan de tout son cœur de vierge. On sentait qu'elle avait peur de mourir sans avoir été la femme de celui qu'elle aimait, sans l'avoir aimé de tout son être. Elle l'expliqua, d'ailleurs, en des mots dont je ne pourrais rendre la pénétrante passion. Oui, elle voulait vivre ! Mais aussi, sachant qu'elle risquait de mourir, elle voulait laisser à Octave un souvenir impérissable, et lui donner en quelque sorte de quoi illuminer pour toujours son veuvage à venir et sa fidélité d'outre-tombe.

Le mariage eut lieu.

Le lendemain de la nuit de noce, une attaque de tétanos emportait Fatma.

Le général et Octave sont des hommes. Ils ont survécu à ce coup terrible. Seulement le général est devenu un vieillard, et Octave ne connaît plus le sourire.

Quant à moi, pauvre grelot que fait tintinnabuler cette diablesse d'existence parisienne, je continue à rouler dans ce mouvement perpétuel, et j'irai encore, et tous les ans, au Grand-Prix, puisqu'il le faut. Mais, vrai, je n'y aurai plus jamais le cœur gai. Toujours, parmi les toilettes bariolées et fleuries, je chercherai vaguement le manteau mastic de ma petite-cousine Fatma; toujours, au milieu des têtes roses, ébouriffées, joyeuses, je reverrai comme un fantôme son fier profil de médaille syracusaine, sa belle figure mate de Diane chasseresse. »

∴

— Voilà l'histoire, ajouta-t-il, après avoir terminé sa lecture, mais il me semble qu'il y manque ce que vous appelez le mot de la fin.

— Peuh ! fis-je, ce n'est pas toujours nécessaire. Si vous y tenez, d'ailleurs, cherchons-le. Tenez, un doigt de champagne pour nous faire trouver.

— Volontiers.

Il but. Il avait les larmes aux yeux.

— C'est drôle, dit-il, en reposant son verre. Le champagne me fait pleurer aujourd'hui !

— Eh bien ! le voilà, votre mot de la fin.

UN LACHE

A Jules Barbey d'Aurevilly

> Quelque chose de mieux et de pire qu'un homme.
> PAUL BOURGET.

On ne devrait jamais appeler un homme *lâche*. Car on ne sait pas exactement en quoi consiste la lâcheté, et on ne connaît jamais les causes multiples et complexes qui la déterminent. Sans compter les questions de tempérament qui font qu'un homme a le sang plus ou moins vif, regimbe sous l'insulte ou la garde pour s'en venger à loisir, il y a mille circonstances de temps, de milieu, d'âge, d'éducation, dont il faudrait pouvoir tenir compte avant de porter un jugement. Puis la bravoure varie autant que les occasions où elle se produit. On a vu des hommes, extrêmement courageux devant un péril physique, trembler et pleurer à la façon des femmes devant un danger moral. Des traîneurs de sabre, nourris de poudre, couverts de blessures glorieuses, ont lâché pied dans des batailles de conscience. Des poltrons ont fait un jour acte d'héroïsme. Par contre, il y a des héros qui ont une peur enfantine pour se faire arracher une dent. Des femmelettes, qui se trouvent mal en voyant saigner un poulet, pansent des amputés, et accouchent sans pousser un cri. Des malheureux s'empoisonnent avec une décoction d'allumettes, plutôt que de se poser le canon d'une arme sur la tempe ; et ces timides, qu'effraie le froid de l'acier, meurent pendant trois jours dans une agonie atroce qui ne leur tire pas une seule plainte.

Je vais vous raconter la fin d'un lâche.

Quand nous fûmes arrivés au fond de ce val perdu, où il m'avait conduit, le pauvre diable me prit silencieusement les deux mains et se mit à pleurer.

Je savais combien il avait sujet d'être triste, et je me prêtais souvent aux épanchements de sa douleur. Il m'avait dit plus d'une fois son enfance misérable, et je connaissais les gênes de sa vie présente. Il était le fils naturel d'une comédienne et d'un juif qui était mort en prison. Sa mère avait traîné l'enfant à la suite de ses malles, dans tous les théâtres de province et de l'étranger où l'avaient jetée les hasards du cabotinage. Il avait mangé avec elle le pain de la prostitution, bu le champagne des soupers, servi de joujou aux entreteneurs. Depuis l'âge de raison jusqu'à seize ans, il avait changé de papa aussi souvent que sa mère avait changé de robe, et elle en mettait quelquefois plusieurs dans la même journée. Un beau matin, la mère avait filé sans le prévenir, le laissant seul et sans ressources dans un coin de l'Amérique du Sud. Il ne l'avait jamais retrouvée. Il s'était tiré d'affaire comme il avait pu, c'est-à-dire mal. Il était revenu cependant à Paris, patrie des déclassés et des désespérés. Mais il n'avait point réussi à y gagner son pain comme il l'aurait fallu. Il avait vécu de hasard, aidé par celui-ci, logé par celui-là, nourri un peu par tout le monde. Car il était connu dans cette famille de bohème qui vit sur les planches et qui a le cœur sur la main. Mal élevé, habitué à un luxe interlope et à la fainéantise, ne sachant d'ailleurs aucun métier, ayant reçu une instruction à la diable, de bric et de broc, il était incapable, comme disent les gens du peuple, de faire œuvre de ses dix doigts. Un an, deux ans, furent usés dans cette paresse. Il se laissait couler dans l'inertie. De temps en temps un accès de honte et de dignité le prenait. Alors il trouvait des résolutions, alors il se décidait au travail. Mais tout cela fondait dans un déluge de larmes inutiles. Comme, malgré tout, c'était un charmant garçon, original, bizarre, et plus à plaindre en somme qu'à blâmer, je lui avais souvent témoigné une amitié pitoyable, et j'étais presque toujours le confident de ces crises qui commençaient par des révoltes et finissaient en pleurnicheries.

Toutefois, je ne l'avais jamais vu aussi profondément navré, aussi lugubrement découragé que le jour où il m'emmena au fond de ce val perdu. Ce jour-là, ce n'étaient plus des larmes d'enfant qui mouillaient ses joues; c'étaient des sanglots d'homme qui lui secouaient la poitrine.

Je le calmai un peu, par quelques bonnes paroles. A mon grand étonnement, il ne se laissa pas dorloter par les consolations, comme il faisait d'ordinaire. Il coupa court brusquement à mes câlineries, et me regarda en face avec une résolution tranquille.

— Vous avez l'air de m'aimer un peu, me dit-il. Mais feriez-vous pour moi une chose qui mettrait fin à tous mes maux ?

— Oui, je ferais tout le possible.

— Eh bien ! si vous avez quelque affection pour moi, vous pouvez me le prouver en me rendant un service qui fera la plus grande joie de ma vie.

— Quoi donc ? lui demandai-je avec anxiété.

— Il faut que vous m'aidiez à mourir.

— A mourir ! Êtes-vous fou ?

Je commençais à le croire fou, en effet, et je ne comprenais pas où il voulait en venir. J'aurais pris cela pour une farce, si son air grave, son geste délibéré, sa voix ferme, ne m'eussent convaincu qu'il était sérieux. Ce n'était pas même là une parole en l'air, une de ces phrases qu'on dit sans y réfléchir dans les moments de souffrance. C'était une proposition froide qui me fit peur.

— Laissez-moi vous expliquer, continua-t-il, quelle est mon intention, quelles sont les causes qui m'y font résoudre. Laissez-moi vous prouver que je ne suis pas fou. Je ne vous raconterai pas une fois de plus ma singulière existence. Vous en connaissez tous les tristes et honteux détails. Vous savez en outre comment je vis à l'heure qu'il est. Je connais d'avance les excuses que

9.

votre bonté va chercher pour me défendre ; mais je ne puis les accepter. J'ai la conscience de vivre en ce moment comme un malhonnête homme. Tant que j'ai été un enfant, j'ai pu trouver moi-même des raisons à mon oisiveté, et ne point trop rougir de mon parasitisme. Aujourd'hui je sens que je deviens ignoble ; et, ce qui est plus épouvantable encore, je sens que je n'ai pas assez de force pour cesser de l'être. Ne m'interrompez pas, je vous en prie ! Vous allez me dire apparemment que ce n'est pas ma faute, que ma déplorable éducation est cause de tout, et que je puis encore m'amender. Non, mon ami, je ne le puis pas. Je me connais à fond et je sais exactement la limite de mon honnêteté. Si je continue à vivre, je deviendrai une canaille. Ce n'est pas pour rien que j'ai dans les veines le sang d'un drôle et d'une fille. Fatalement je dois chasser de race. Il n'y a qu'un moyen d'empêcher cela, c'est de mourir. D'ailleurs, mon ami, j'ai encore d'autres raisons à vous donner, et de plus irréfutables. J'aime une jeune fille. Je l'aime profondément. Voilà de quoi se racheter, pensez-vous ! Vous êtes de ceux qui croient aux réhabilitations par l'amour. Celle-là aussi m'est fermée, mon ami.

Cette jeune fille que j'aime, je ne puis d'abord m'en faire aimer. Elle est pure, riche, adorée, et ce n'est pas pour un bohème, pour un pique-assiette, pour un bâtard, pour un enfant de la balle comme moi, que le four chauffe! Et quand bien même je pourrais en être aimé, ce serait plus horrible encore. Vous ne comprenez pas? Il faut que je vous dise tout, puisque vous êtes en quelque sorte mon confesseur. Le sang de mes parents ne m'a pas transmis seulement le mal moral, il m'a infecté aussi d'un mal physique. Et ce mal, des débauches précoces l'ont fait fleurir dans mon pauvre corps. Comprenez vous, maintenant? Je n'ai pas été soigné. J'ai laissé les choses suivre leur cours. Dans quelques années, dans quelques mois peut-être, je serai en proie aux dernières morsures du monstre. Mes cheveux, mes dents, ma chair y passeront. Il est trop tard aujourd'hui pour lutter. Quand je vous le disais, qu'on n'est pas impunément l'enfant de deux pourritures! Êtes-vous convaincu enfin, mon cher ami? Vous voyez que je suis calme, que je ne m'exalte pas, que je raisonne froidement, que je pèse tous les motifs de ma détermination. En toute franchise, répondez-moi comme si vous vous répondiez à vous-même ! N'est-il pas vrai que je n'ai pas une raison pour vivre, et que j'en ai mille pour mourir ? Voyons, avouez donc sincèrement, avouez que je ne puis sortir honorablement de cette impasse que par le suicide. Ayez le courage d'être un véritable ami !

— Ma foi ! fis-je, ébranlé par son accent et ses preuves, je ne savais pas tout cela. Pauvre, pauvre garçon ! Évidemment la mort vaut mieux.

— Alors, vous voudrez bien me rendre le service que je vous ai demandé ?

Il dit cela d'un air joyeux qui me fit froid dans le dos. J'avais répondu à ses instances, à son raisonnement logique ; mais j'avais répondu presque à voix basse, sans songer aux conséquences de mon approbation. Maintenant je regrettais d'avoir acquiescé. Il s'en aperçut.

— Oh ! s'écria-t-il, est-ce que vous seriez lâche comme moi ?

— Pourquoi lâche ? Et pourquoi comme vous ? Ma parole d'honneur ! je ne comprends plus.

— Comment ! vous n'avez pas encore vu ce que je voulais ! Mais je viens de vous dire que j'étais lâche, cela doit vous expliquer quel service je vous demande. Oui, je sais que la mort est mon seul recours; je sais que je ne peux plus, que je ne dois plus vivre; je sais qu'il faut me tuer. Mais je n'ose pas le faire, j'ai peur, je suis lâche, vous dis-je, je suis un misérable lâche !

— Eh bien ! eh bien ! balbutiai-je en tremblant ; car je commençais à entrevoir l'abominable vérité.

— Eh bien ! dit-il d'une voix vibrante, il faut que vous me *suicidiez.*

Et il me tendit un revolver.

Je reculai avec horreur à la pensée du crime qu'il me proposait.

Alors il s'approcha de moi, me pria, me supplia.

Il avait tout prévu ; il portait dans sa poche une lettre où il disait se donner la mort ; je ne serais pas inquiété ; le val était absolument désert ; je devais avoir pitié de lui ; j'étais le seul ami qu'il eût jamais rencontré, et je lui refusais le seul service qu'il m'eût jamais demandé ; il allait donc devenir un coquin, une fange, et ce serait ma faute ; il serait si heureux de mourir ; je devais lui donner la mort comme une aumône ; c'était une bonne action que j'allais faire !

Et son accent était profond, émouvant, troublant. Sa folie me gagnait. Tout en me défendant d'une main de plus en plus faible, je l'écoutais et je l'approuvais, je me persuadais peu à peu qu'il avait raison. Lui, sentant que je mollissais en sa faveur, redoublait de prières. Il avait des caresses dans la voix, des supplications irrésistibles, quelque chose de la femme qui enjôle.

— Tu veux bien, n'est-ce pas? me dit-il enfin tout bas à l'oreille.

Et il me mit le revolver dans la main.

Le canon de l'arme était tourné droit vers sa bouche. J'étais effaré. Il poussa un petit cri d'enfant. Je fermai les yeux en pressant la détente, et je lui fis sauter la cervelle.

MADEMOISELLE BROUILLARD

A Georges Haquette

> Lève-toi, viens, viens, et pour la satisfaction de mon cœur, donne-moi l'explication d'un problème.
>
> KHÉYAM.

— Ah! çà, quelle heure est-il donc? Pas possible qu'il soit jour... Il fait noir... Et pourtant on a bien sonné, oui; on recommence. Qui diable vient me réveiller?

Je saute à bas du lit. Une allumette! un coup d'œil à la pendule! Il est quatre heures du matin. La sonnette reprend son drelin din din avec frénésie. Je vais ouvrir. C'est mon ami M...

— Tu es fou, lui dis-je, ou bien soûl?

— Ni l'un ni l'autre, my dear. Allons, vite, vite, habille-toi et filons, si tu veux la voir et la suivre. Elle sort à cinq heures.

— Mais qui ça?

J'étais encore ahuri de ce réveil en sursaut.

— Qui? répondit-il. Mademoiselle Brouillard, parbleu !

*
* *

Alors, je me rappelai. L'autre jour, en discutant, nous avions parlé de l'invention littéraire et des sujets que vous offre parfois la réalité. Je soutenais que rarement, presque jamais, elle ne présentait de drames complètement ordonnés et qu'il y fallait généralement une mise en œuvre, un rayon de l'imagination artistique, de la fiction enfin.

Par exemple, j'avais cité l'*Homme des foules*, d'Edgard Poë, les *Petites vieilles* de Baudelaire, et j'avais essayé de retrouver la part de vrai que l'observation avait fournie dans ce conte et dans ce poème, et la part d'arrangement qu'avait dû y joindre l'auteur.

— Je ne suis pas de ton avis, disait M... Je crois que très souvent les sujets se trouvent tout faits, de pied en cap, et qu'on a précisément tort de les arranger. Seulement, il faut avoir la chance de mettre la main dessus. Ainsi, moi, j'ai découvert un de ces sujets.

— Raconte-moi ça.

— Je ne saurais pas.

— Qu'est-ce que c'est; enfin?

— L'histoire de mademoiselle Brouillard.

— Diable! le titre est alléchant. Voyons, en quelques mots l'histoire.

— Je te dis que non. Mais, attends. Un de ces jours, quand l'occasion viendra, j'irai te prendre et je te soumettrai la chose *de visu*. Après que tu auras regardé, je te confierai le secret de l'énigme. Je t'assure qu'il y a de quoi faire un beau conte, rien qu'en écrivant sous la dictée de la réalité.

*
* *

L'occasion était venue, à ce qu'il paraît. Je ne rétipolai plus ; je m'habillai à la hâte et nous sortîmes.

Le brouillard était intense, et c'est à peine si on voyait le rouge de sa cigarette, quand on tirait une bouffée.

A cinq heures moins le quart nous étions à la

porte de la Cité des Fleurs, aux Batignolles, en train de monter la garde.

A cinq heures sonnant, la grille s'ouvrit, et une femme passa près de nous.

— C'est elle! fit M..., suivons-la.

Elle n'était plus jeune, la demoiselle. Une tournure de vieille fille, raide, maigre. Mise décente, proprette, pauvrette aussi. Un grand chapeau à bavolet, un châle noir à franges, un manchon. Le brouillard m'empêcha de voir la figure, et c'est au pas que je reconnus l'âge, un pas sautillant, qui indiquait des articulations rouillées.

Malgré la vieillesse, elle allait vite, vite, mademoiselle Brouillard. A coup sûr, elle avait à faire une besogne pressée. Elle ne ralentit un peu sa marche qu'en arrivant aux fortifications, sur l'avenue de Saint-Ouen.

Nous étions presque sur ses talons, pour ne pas la perdre dans l'épaisseur de la brume.

Elle grimpa sur le talus.

— Elle va s'apercevoir que nous ne la quittons pas, dis-je à l'oreille de M...

— Pas de danger, elle est aussi absorbée qu'une somnambule.

Elle s'avança, au bord du fossé, se coucha à

plat ventre, et, d'une voix très basse, sifflante, elle appela :

— Bébé, bébé !

Pui elle écouta une grande minute au moins, comme si elle attendait une réponse.

Par trois fois elle recommença.

— Filons, me dit M..., avant la dernière, elle va s'en retourner.

En effet, elle s'était relevée et revenait à l'avenue. Elle reprit le chemin de la Cité des Fleurs, d'un pas très lent maintenant, avec la tête basse, les épaules écrasées, en zigzaguant comme si elle était ivre. Elle semblait prête à choir quand elle arriva enfin à la grille. On sentait qu'à peine rentrée chez elle, elle allait rouler à terre comme une bête assommée. De la grille à sa porte elle se traîna en accrochant ses mains aux balustrades. On aurait dit un vieux spectre. Elle me fit peur.

.˙.

— Eh bien ! fis-je à M..., j'ai vu maintenant. Et l'histoire ?

— D'abord, me répondit-il, laisse-moi te dire

que ce que tu as vu tu pourras le revoir identiquement chaque fois qu'il y aura un fort brouillard. C'est pour cela qu'on l'appelle mademoiselle Brouillard.

— Tu la connais donc intimement?

— Oui.

— Comment cela?

— Qu'est-ce que ça te fait? Mettons que ce soit par hasard. Je vais te dire...

— Oui, oui, l'invention.

— Je te donne ma parole d'honneur que je te dirai seulement des choses arrivées.

— Bien, je te crois.

— En deux mots, voici les faits :

Mademoiselle B... fut séduite à seize ans. Son père, un vieil officier intraitable sur le point d'honneur, fit porter le bâtard aux Enfants-Trouvés. Deux jours après l'accouchement, la jeune mère parcourant un journal, y lut la nouvelle diverse qu'un cadavre de bébé avait été jeté dans le fossé des fortifications, à gauche de l'avenue de Saint-Ouen. Ce crime coïncidait, par un étrange hasard, avec le jour où son père avait envoyé le bâtard là-bas, et ce jour avait été remarquable par un brouillard extraordinaire. Tu vois d'ici l'histoire. La pauvre femme a vécu avec cette idée fixe que ce cadavre était celui de son enfant. Elle est devenue folle, à la longue. Chaque fois qu'il y a un brouillard comme aujourd'hui, et comme ce jour d'autrefois, elle fait ce que tu as vu. Voilà tout.

.'.

— Tu racontes cela d'une drôle de façon, dis-je à M... Vlan! vlan! sans explications, sans préparations. L'histoire, en effet, est terrible. Quelle étude curieuse et profonde à faire que celle de cette folie!

— Écris-la. Raconte la chose en homme de lettres, si tu veux. Tiens, fais-en une *Mort bizarre*.

— J'essaierai peut-être.

J'avais tort de parler ainsi. J'ai essayé. Je n'ai pas pu. Je sens bien que je gâterais cette tragédie en la commentant. Et c'est pourquoi je me contente de la noter ici, sans artifice, à la diable, laissant à chacun le soin d'imaginer le drame ou le poème que cette réalité fait rêver.

LE MOME A LA MÈRE ANTOINE

A Alfred Pouthier

> Nil habuit Codrus : quis enim negat ! Et tamen illud,
> Perdidit infelix totum nihil.
>
> JUVÉNAL.

Comment j'ai appris l'histoire que je vais vous conter ? Qu'est-ce que ça vous fait, pourvu que je la conte bien ? Or, je suis sûr de la conter bien, je le déclare d'avance, et sans amour-propre d'auteur ; car je n'ai rien à y voir comme auteur, et je me bornerai à noter tout uniment les faits tels que je les ai recueillis.

Il y avait une fois une pauvre mère-grand et son pauvre petit-fils, qui ne possédaient rien au monde que leur affection l'un pour l'autre ; et la mère-grand avait soixante-dix-sept années, et le petit-fils en avait huit.

Ils demeuraient au sixième étage, dans une

maison ouvrière de l'impasse de l'Orillon, entre Belleville et Ménilmontant, un quartier où il n'y a guère de riches. Or, même parmi les misérables du voisinage, leur misère était remarquée. C'est dire combien elle était grande.

Jugez-en. L'enfant était malade, infirme, alité depuis tantôt douze mois, et la vieille était bien vieille, bien débile, quasi impotente aussi, en sorte qu'avec la meilleure volonté du monde elle ne pouvait vraiment pas travailler beaucoup.

Heureusement que les gueux sont bons pour leurs semblables ! Les pauvres gens du quartier faisaient l'aumône à cette pauvreté plus pitoyable encore que la leur ; et leurs charités, jointes à quelques secours de l'Assistance publique, suffisaient à la vie de la mère-grand et du petit-fils.

La vieille s'appelait la mère Antoine, et l'enfant s'appelait le môme à la mère Antoine. On ne lui connaissait pas d'autre nom, car jamais on ne l'avait vu courir et jouer dans la rue avec les gamins de son âge ; jamais on n'avait entendu un camarade lui crier d'un trottoir à l'autre, en enchâssant, à la mode populaire, son nom de galopin dans une rime absurde et sonore :

— Va donc, Léon !

— Tout juste, Auguste !
— A la tienne, Étienne !
— T'es rien leste, Ernest !
— Va t'asseoir, Édouard !

Non ! On se disait seulement, de temps à autre, entre voisines :

— Eh ben ! et le môme à la mère Antoine, comment va-t-il ?

Hélas ! il allait toujours de mal en pis, le môme à la mère Antoine. Fils d'une poitrinaire et d'un *sublime*, il était à la fois phthisique et rachitique, le pauvret, et quand il ne criait pas des douleurs sourdes de sa coxalgie, il toussait d'une toux sèche et sanglante qui lui mettait deux bouquets de violettes sombres sur les joues.

Pendant toute son enfance, bien qu'il traînât un peu et fût souvent sur le dos, il a eu néanmoins de bonnes époques. Alors le grand-père, qui travaillait encore malgré ses quatre-vingts ans, le menait faire de belles promenades à l'air pur et au soleil, et lui gagnait de quoi acheter par-ci par-là des remèdes qui le requinquaient pour quelques semaines. Mais depuis qu'on habite ce mauvais galetas du sixième, sur une cour d'où monte l'odeur fade des plombs, depuis que la vieille ne trouve plus à glaner que juste ce qu'il faut pour ne pas crever de faim, depuis décembre de l'autre année, le môme à la mère Antoine ne s'est plus levé du tout, et il est bien probable qu'il ne se lèvera plus jamais.

La dernière fois qu'il est sorti, c'est à la Noël passée.

Ce jour-là, la mère Antoine l'avait emmitouflé de son mieux dans un gros cache-nez qu'elle lui avait fait avec son vieux châle ; elle lui avait mis ses deux seules paires de bas à elle, pour qu'il eût les pieds chauds, dans ses galoches toutes neuves, et elle l'avait conduit sur les boulevards, le long des petites baraques pleines de joujoux, d'images, de pantins, qui faisaient une féerie splendide et multicolore.

Cette féerie, elle est restée dans les yeux et dans l'imagination du malade ; et toujours, depuis lors, il en a parlé avec des frissons de regret et de désir, en ouvrant toute grande sa bouche extasiée, en tendant ses maigres petits bras vers le mirage de toutes ces merveilles entrevues et inoubliables.

Il y avait surtout, là-bas, près de la place du Grand-Opéra, un superbe polichinelle, bariolé, doré, presque aussi haut que le bambin lui-même, et qui, lorsqu'on tirait la ficelle, secouait gaiement des clochettes et des grelots, levait les bras, écartait les jambes et vous regardait en même temps avec sa face enluminée et sa grimace quasi vivante.

— Oh ! qu'il était beau, qu'il était beau ! s'écrie souvent le môme à la mère Antoine. Ça coûte bien cher, dis, m'man, un porichinelle comme ça ?

Et la vieille répond toujours :

— Je t'en achèterai un, va, quand nous serons plus riches.

— Et quand c'est-il, que nous serons plus riches.

— Bientôt, mon chat, bientôt.

— Alors, je l'aurai, hein ! le porichinelle ?

— Oui, oui, tu l'auras.

— Vois-tu, m'man, je suis sûr que, si je l'avais, je serais tout de suite guéri.

Et cette idée-là revient sans cesse, ainsi qu'une obsession. Et quand il va plus mal, le pauvre petit, quand ses douleurs le torturent davantage, quand la toux abominable le secoue comme si elle voulait lui arracher le souffle, oh ! alors, le désir devient plus vif, presque acerbe. On voit qu'il ajoute à la souffrance et qu'en réalité la possession du joujou apaiserait le mal par enchantement.

Et elle avait compris cela, la vieille mère Antoine ! A force de promettre le polichinelle, elle s'était dit qu'elle devait tenir cette promesse et qu'elle n'avait plus que ce moyen-là pour faire vivre encore un peu son chérubin. Oui, il l'aurait, son polichinelle ! Et il serait guéri ! Elle aussi, elle avait fini par croire à cette folle espérance.

Oui, il l'aurait. Mais comment? Ainsi qu'il le disait lui-même avec des larmes de convoitise impuissante, ça devait coûter bien cher, un porichinelle comme ça ! C'était un joujou de riche. Au moins vingt francs. Peut-être davantage. Où trouverait-elle cet or, elle qui ne connaissait même plus la couleur de l'argent et qui ne voyait que de loin en loin quelques gros sous mêlés aux aumônes qu'on lui faisait en nature? Vingt francs ! Une fortune, quoi !

Elle bazarda des loques qu'on lui donnait à l'entrée de l'hiver. Elle vendit jusqu'à des bons de viande et de pain, qu'elle avait tant de peine à obtenir, et si maigrement. Elle n'en réserva que pour le petit. Elle, elle jeûnait. Et quand il mangeait tout seul et qu'il lui disait :

— Tu n'as donc pas faim, m'man?

— Non, répondait-elle, on m'a fait avaler une assiettée de soupe à l'atelier de l'ébéniste.

Et elle passa ainsi des deux jours de suite, quelquefois, sans rien avoir dans le ventre. Qu'importe! Il aurait son porichinelle.

Voilà trois mois qu'elle économise de la sorte, et avant-hier au matin elle avait en tout neuf francs et trois sous.

— Au moins dix francs, pensa-t-elle, il me faut au moins dix francs. Encore dix-sept sous à trouver d'ici à demain.

Ce jour-là, le môme à la mère Antoine allait tout à fait mal. Dame! avec la quinzaine d'hiver qu'on venait de passer, vous voyez d'ici dans quel état devait être le cher petit ange. Et les pauvres n'ont pas pu faire beaucoup de charités à la vieille, eux-mêmes mourant de faim et de froid. Plus de loques à vendre! Trois bons de pain et de bois, c'est ce qui restait à la mansarde.

Mais le petit est si bas, si bas, qu'il ne peut plus rien avaler. Alors, à quoi bon le pain aujourd'hui ? Pour elle ? Allons donc ! Et demain ? Ah ! demain, elle en trouvera. Ce qu'il faut en ce moment, le nécessaire, l'indispensable, ce n'est plus la nourriture, c'est le porichinelle. S'il l'avait, là, maintenant, dans ses menottes tremblantes, pour sûr il irait mieux.

— Comme il était beau ! fait-il, avec un râle étouffé.

Et ses yeux se dilatent ; ses narines, pincées par la maladie, palpitent soudain ; une chaleur lui monte à la peau ; la vie revient à ses lèvres si pâles. La vie, oui, la vie ! Il vivra encore si son rêve est réalisé.

— Comme il était beau !
— Je vais te le chercher, va, j'y vais tout de suite.
— Qui ça, le porichinelle ?
— Oui, le porichinelle.
— Nous sommes donc riches, m'man ?
— Oui, mon chat. Tiens, regarde.

Elle montre ses neuf francs trois sous. C'est tout en sous, il y en a un gros tas.

L'enfant bat des mains.

— Va vite, m'man, va vite, dis. Ne sois pas longtemps.

Elle est partie. Non, elle ne sera pas longtemps. Avec ses vieilles jambes débiles elle court d'abord chez les voisins, pour vendre ses trois bons, les derniers.

— C'est pour acheter un remède au môme, dit-elle.

Et elle dit vrai : c'est bien un remède qu'elle va chercher.

Dix francs ! elle les a enfin ! Il a fallu perdre une demi-heure pour cela ; mais elle les a. Comme elle se dépêche, cahin-caha, malgré le pavé glissant, malgré l'engourdissement du froid qui lui gèle les os ; car elle n'a rien mangé hier, rien aujourd'hui, et elle a mis ses frusques sur le grabat du malade. Elle n'a qu'une mauvaise jupe et un mince caraco sur sa chemise. Brrrr ! Elle va quand même ! Et c'est loin. Elle ne veut pas aller à la première boutique venue. C'est là-bas, là-bas, près du Grand-Opéra qu'il faut aller. Le porichinelle y est peut-être encore cette année, et, qui sait ? peut-être qu'il ne coûte pas plus de dix francs !

Oui, c'était bien le même, et pour dix francs elle l'a eu, en marchandant. C'était bien le même. Elle l'a reconnu. Elle revient en le serrant contre son cœur, avec des précautions de mère, comme si elle avait peur de lui faire du mal. Et elle aussi elle dit :

— Comme il est beau !

Abrégeons. Le destin est le plus terrible des dramaturges. Personne aussi bien que la réalité n'invente les coups de théâtre. Quand on les raconte, ceux que fait la vie, il n'y a qu'à les dire en deux mots.

La vieille était restée dehors deux grandes heures. En rentrant, elle a trouvé l'enfant mort.

On a enterré hier le môme à la mère Antoine.

Elle a mis dans le petit cercueil, sur le suaire fait d'un drap rapiécé, le beau porichinelle couvert de couleurs éclatantes, de clochettes sonores, de dorures merveilleuses, et ainsi le pauvre cadavre a eu son Noël.

Puisse la mère Antoine avoir bientôt ses étrennes, la mort !

LE DISSÉQUÉ

A Gustave Flaubert

> L'artifice de la nature est inexplicable.
> BOSSUET.

Dans une des vieilles, sales et bizarres ruelles qui rampent encore au fond de certains recoins du quartier Latin, il y avait en 1871 une crémerie borgne surnommée par les clients eux-mêmes le *Rendez-vous des Affamés.*

Derrière les vitres se balançaient de petits cartons flétris, sur lesquels on lisait : *Riz. — Café. — Ordinaire à 3 sous.*

Le bas des rideaux, brodé de reprises, frissonnait au-dessus de quatre grands plats de faïence.

Oh ! ces quatre grands plats qu'on retrouve à la montre dans toutes les crémeries, plats misérables, plats immuables ! Ils ont un bord festonné comme une collerette. Mais les festons sont coupés par des fêlures noires, qu'on prendrait pour des dessins de rivières sur une carte géographique, si elles n'étaient çà et là traversées par des ligatures en fil de fer. Sur l'émail craquelé se battent éternellement des coqs bleus aux poses extravagantes, dragons mythologiques chargés de garder les trésors qui reposent dans les quatre grands plats.

Dans les quatre grands plats, il y a de l'ambroisie pour les meurt-de-faim. Là, le bœuf nature, pâle et filandreux, se dessèche sur une maigre litière de persil. Ici, dans une sauce où il y a peu d'huile, nagent les haricots blancs ; on dirait un ciel lourd et floconneux, dans lequel un croissant d'oignon figure la lune. Plus loin, le riz grumeleux se gonfle en récifs que baigne une mer bleuâtre. Tout au bout du rang, les pruneaux ridés, dans leur jus noir, ressemblent aux chiens morts et dégonflés qui font des îlots dans la Bièvre.

C'est là que je mangeais pendant la Commune.

A ce moment, il venait peu de monde au *Rendez-vous des Affamés*, puisque les affamés étaient en train de se battre.

Tous les soirs, à l'heure du dîner, le patron

essuyait par routine les tables de marbre gris, et disposait d'un air ennuyé les couverts bossués en fer battu, les verres épais, les grosses assiettes lourdes et les petits carafons légers. A part deux ou trois convives de rencontre, recrues du hasard, nous n'étions que cinq pour répondre à ces avances : deux vieux ouvriers dont l'un était infirme, un petit quincaillier du quartier, un étudiant et moi.

Les deux ouvriers se mettaient à la même table; ils avaient l'air de mépriser beaucoup le quincaillier qui s'asseyait tout seul à l'entrée de la salle et lisait le *Bien public* en mangeant. Ils l'appelaient entre eux « vieux boulendos ». De temps en temps, quand les affaires de la Commune allaient bien, ils se payaient une chopine et quelques demi-setiers de supplément. Ces jours-là, en s'en allant, ils fredonnaient, sur un air de vieille complainte, ce refrain de leur jeune temps :

> De Rouen j'm'en fus à Nantes,
> Ville bien commerçante,
> Où j'me fis recevoir
> Compagnon du devoir.

Ces deux braves gens, le quincaillier et moi,

nous entrions naturellement par la porte de la rue. Le cinquième habitué, l'étudiant, arrivait toujours par la porte de la cuisine. Vers les sept heures, il apparaissait nu-tête près des fourneaux, où la patronne tenait sa soupe au chaud. Il buvait d'abord un grand verre d'eau avec avidité. Il dînait ensuite très lentement. Son dîner était toujours le même : une soupe aux lentilles, très épaisse, une omelette à peine cuite, une purée de pois et du fromage. Quand il avait fini, il se penchait en arrière sur sa chaise et semblait dormir pendant près d'une demi-heure, comme un boa qui digère. Quand le cartel au-dessus du comptoir sonnait huit heures, il se levait et s'en allait par la cuisine, comme il était venu, sans s'occuper de personne.

Sa tête était singulière. Une broussaille de cheveux noirs, frisés, entortillés, voilait le front. Quelques mèches rebelles se dressaient par-ci par-là, semblables à des fusées. La barbe était, au contraire, très fine et très régulière. Dans ce cadre sombre, luisaient deux yeux grands et clairs, presque vagues à force d'être doux. La face, d'un blanc mat, semblait éclairée à leur lumière indécise.

Quant au corps qui portait cette tête bizarre, c'était le corps d'un enfant, faible, maigre, gauche.

Cet être original, ces habitudes et ces allures qui tenaient de la monomanie, ce silence impénétrable, piquèrent vivement ma curiosité. Quel étudiant cela pouvait-il être? Était-ce même un étudiant? J'avais bien entendu les deux ouvriers l'appeler ainsi; mais cela ne prouvait rien. Je n'y pus tenir, et j'interrogeai le patron.

— C'est mossieu Féru, répondit-il. Il est bien connu dans le quartier.

— Ah! qu'est-ce qu'il fait donc?

— Il est étudiant en médecine, et il a soigné bien des pauvres gens pour rien. C'est un bon garçon, allez! Seulement il est un peu sauvage.

— Oui, il me semble. Sa figure m'intéressait beaucoup. C'est pour cela que je vous ai demandé qui il était. Quelles drôles d'habitudes il a!

Le patron était enchanté de pouvoir bavarder un peu avec quelqu'un, et il ne se fit pas prier pour continuer.

— Ah! voyez-vous, me dit-il d'un air malin, ça c'est toute une histoire!

Et, se penchant à mon oreille, il ajouta :

— C'est un philosophe; il a un grain.

— Comment cela ?

— Oui, il est un peu toc ! Il travaille trop. Il ne descend que pour manger. Oh ! je vous parle savamment de ce qu'il fait : il demeure dans la maison et c'est ma femme qui fait sa chambre. Si vous voyiez son à-part, un vrai capharnaüm ! Des bouquins, des os, des paperasses ! Il écrit comme un damné. Il fait même aussi des vers !

— Mais je ne vois rien là dedans qui puisse faire supposer...

— Mais si ! mais si ! Voyons, un jeune homme de vingt-cinq ans qui bûche comme cela toute la journée, ce n'est pas naturel. Il n'a jamais fait une noce de sa vie. Et puis, avez-vous remarqué ce qu'il mange ?

— Oui, toujours la même chose.

— Eh bien, c'est une affaire de principe.

— Ah bah ! de principe ?

— Parfaitement. Je lui ai dit plusieurs fois qu'il se ferait du mal, de ne jamais changer de nourriture. Alors il m'a expliqué pourquoi il ne changerait pas. Vous allez voir ! Il faut être vraiment fêlé pour avoir des idées comme ça. Les œufs et le fromage, il dit qu'il y a dedans des machines bonnes pour le cerveau, des choses qui s'appellent en *ine*, je ne sais plus...

— De l'albumine et de la caséine, peut-être ?

— Oui, c'est cela. Mais ce n'est pas là le plus amusant. Il prétend que la purée de pois donne du phosphore et que les lentilles rendent l'esprit juste.

Le patron ne put s'empêcher de rire sur cette dernière confidence.

— Je ne veux pas dire, ajouta-t-il en se calmant, qu'il ne soit pas intelligent. Au contraire ! il paraît qu'il est très fort. Il a eu un prix de médecine quelque part, et il a déjà écrit des articles dans des journaux.

— Vous ne savez pas lesquels ?

— Si ! Il y a en a un qu'il reçoit. Ça s'appelle la *Revue positive*.

— Et il fait aussi des vers, disiez-vous ?

— Oui, beaucoup, même beaucoup trop, le pauvre diable ! Entre nous, je crois que c'est cela qui lui taquine le grand ressort. Ma femme en a lu quelquefois, en faisant sa chambre. Elle dit qu'ils sont très bien. Mais, vous savez, les femmes ! elles n'y connaissent pas grand'chose. Et puis elles aiment tout ce qui est chanson. Ma femme en achète bien pour quatre sous tous les dimanches. Alors, vous comprenez...

— Je comprends cela! C'est très amusant, les chansons.

— Pardi! si vous êtes amateur, il faut que je dise à ma femme de vous montrer quelque chose de mossieu Féru.

— Oh! non! je ne voudrais pas! Ce serait une indiscrétion. Je vous en prie, ne faites pas cela.

J'eus beau dire. Le lendemain, comme j'arrivais, le patron accourut à moi en riant et me remit un bout de papier froissé, couvert de ratures, sous lesquelles je parvins à déchiffrer les vers suivants. C'était sans doute la fin d'une pièce, et il manquait le premier mot du développement :

. . . . . . Pour se purger des cent corruptions
Que la vie et la mort versent en ses sillons,
Pour refondre et pétrir le cadavre et l'ordure,
Et dans un moule neuf couler la pourriture,
Pour semer dans ses flancs cet effroyable engrais
Et le vomir au ciel en robustes forêts,
Mieux que des grands lions et des aigles superbes
La Nature se sert du peuple obscur des herbes.
Durs ongles du jaguar, crocs aiguisés du loup,
Corbeaux, dont le bec droit s'enfonce comme un clou,
Tenailles des vautours, vous êtes moins terribles
Que cette légion d'ouvriers invisibles!

Mâchant les nerfs, sciant les os gélatineux,
Rongeant des intestins les innombrables nœuds,
Vermine de la mort, ils travaillent à boire
Du hideux sang figé la fange flasque et noire.
Et voici qu'à la place où les os ruinés
Souillaient de leur odeur les champs empoisonnés,
Déborde à flots pressés une herbe drue et verte,
Rougit superbement quelque fleur grande ouverte,
Fleurs et gazons éclos de ces sucs empestés
Que les fossoyeurs nains à la terre ont portés.
Pour épurer le ciel, pour nettoyer le monde,
Et changer en parfums la pourriture immonde,
Pour mêler à la sève ardente de ton sein
D'un corps décomposé l'écoulement malsain,
Pour nourrir de ces chairs liquides et puantes
Un arbre aux bras noueux, aux racines géantes,
Pour dresser dans l'azur son front de fleurs couvert,
Nature, il te suffit d'une mouche ou d'un ver!

— Eh bien, fit le patron, qu'en pensez-vous? Êtes-vous de l'avis de ma femme?

— Certainement. Ces vers-là sont très curieux. Monsieur Féru n'est évidemment pas le premier venu. Je voudrais bien le connaître davantage.

En ce moment, sept heures et demie sonnaient, et Féru entrait par la porte de la cuisine. Quand il fut assis, le patron s'approcha de lui et lui parla à l'oreille. Quelle sottise commettait cet imbécile? Est-ce que, par hasard, il lui parlerait de moi? Je n'en doutai plus, quand je vis le jeune homme lever la tête pour me regarder. J'étais fort gêné par ce regard, d'autant plus que je tenais la pièce de vers à la main.

Je ne savais trop comment me tirer de ce pas ridicule, quand Féru lui-même vint à moi et me dit d'une voix extrêmement douce :

— Est-il vrai, monsieur, que vous trouviez ces vers de votre goût?

— Je les trouve fort bien, monsieur, répondis-je ; mais je vous demande pardon de l'indiscrétion...

— Oh! je ne saurais vous en vouloir, puisque cela me vaut des compliments. C'est la première fois qu'on m'en fait à propos de mes vers.

J'étais étonné de son aisance, de son affabilité. Ce sauvage était fort aimable. Je me levai et le reconduisis à sa table, où je pris place en face de lui.

Ses vers furent naturellement le sujet de notre conversation. Je lui dis que j'étais moi-même poète ; et, après avoir loué sans réserve la belle venue, le souffle large et la touche vigoureuse de sa pièce, je lui fis quelques observations de détails sur certaines répétitions, sur quelques rimes faibles et autres menues fautes. Il me promit de me montrer d'autres vers, et nous nous quittâmes ce soir-là presque amis, de cette amitié rapide et franche qui éclôt entre jeunes gens.

Au bout de quelques jours, nous étions tout à fait liés. Tous les soirs nous causions pendant une bonne heure. Par un hasard agréable, nos idées étaient pareilles sur bien des points, en art et en philosophie. Mais, autant il se livrait en parlant de vers, autant il semblait se tenir clos et réservé en discutant certains grands problèmes philosophiques. Pourtant je voyais bien qu'il était matérialiste ; je sentais qu'il était arrivé aux dernières conclusions du système. Pourquoi répugnait-il à exposer clairement son opinion, qu'il devait certainement avoir corroborée de sa science physiologique et de ses études médicales ? Deux ou trois fois, je le poussai assez vivement sur la question ; il se dérobait toujours. Enfin je lui demandai crûment un beau soir pourquoi il ne me parlait jamais médecine, et n'osait pas en quelque sorte descendre au fond de son athéisme.

— Je ne vous parle pas médecine, répondit-il, parce que vous n'êtes point médecin, parce que l'étalage d'une science devant quelqu'un qui ne la possède pas, ressemble à du charlatanisme.

— Je ne suis pas médecin, il est vrai; mais je ne suis pas non plus un ignorant dans votre science. Mon père est médecin, et j'ai étudié avec lui. Vous pouvez donc être sûr que je vous écouterai très sincèrement et sans arrière-pensée.

Comme il se taisait et ne paraissait pas, malgré ma réponse, plus disposé à s'ouvrir, je lui fis entendre que je soupçonnais quelque mauvaise cause à sa réserve et que sans doute il n'avait pas assez confiance en moi.

— Oh ! dit-il, je vous supplie de ne pas croire cela.

— Alors, que dois-je penser ? Serait-ce, ajoutai-je en riant, que vous n'êtes pas sûr de votre doctrine? Êtes-vous donc un de ces philosophes superficiels qui prennent un système sans y tenir, comme on prend un bock sans avoir soif? Avez-vous peur de rester en route en voulant approfondir votre idée ?

— Parbleu ! reprit-il, voilà qui est plaisant ! J'ai peur d'approfondir mon idée ! Je suis un philosophe superficiel ! Mais vous ne me connaissez pas du tout, mon cher ami ! Sachez que j'étudie, que je pense, que je cherche, depuis tantôt dix ans. Et je me suis si peu creusé la tête que certains de mes camarades prétendent qu'elle est vide. Quant à mon idée, j'ai pris l'habitude de la tenir en moi et d'éviter toute question qui peut la faire voir. Je n'aime pas à passer pour un idiot, j'aime mieux passer pour un sauvage.

— Votre idée est donc bien étrange?

— Non, elle est toute simple.

— Eh bien! vous pouvez me la dire. J'espère que vous ne me confondez pas avec les sots qui rient de tout. Vous-même avez avoué que j'avais été seul à admirer vos vers. Ne puis-je pas être aussi bien capable de comprendre votre idée?

— Au fait, pourquoi pas? Tenez, je vous aime beaucoup, je vais vous traiter en véritable ami et vous avouer tout. Mais, au moins, ne vous attendez pas à quelque chose de monstrueux et de gigantesque, n'écarquillez pas les yeux d'avance. Ce que vous allez entendre est une vérité de monsieur de la Palice, rien de plus.

Il posa les deux coudes sur la table, se passa la main sur la figure et commença d'un air calme en fixant sur moi son regard nuageux.

— Je suis matérialiste, comme vous l'avez compris. C'est vous dire que je ne reconnais au monde qu'une substance, la matière. Tous les phénomènes sont donc des phénomènes matériels. Quand je dis *donc*, j'ai tort : c'est précisément ce *donc* qu'il faut rendre évident. Or, jusqu'ici, personne ne l'a fait. On a parfaitement ramené à la matière tous les phénomènes physiologiques, physiques et chimiques ; mais on n'a pu y ramener les phénomènes intellectuels. J'entends par là qu'on n'a jamais pris la matière en flagrant délit de pensée. Voilà ce qu'il faut chercher, et ce que j'espère trouver. Vous voyez que cela est tout naturel.

— Votre raisonnement, oui ; mais votre moyen pratique, je ne le vois pas.

— Mon Dieu ! il suffirait d'arriver à ceci : analyser, disséquer, tenir sous ses doigts un cerveau pensant. Évidemment on saisirait la pensée, on la sentirait, on la toucherait, comme on saisit, comme on sent, comme on touche un phénomène électrique, par exemple.

— Mais comment pouvez-vous espérer une telle possibilité : étudier un cerveau pensant !

— Ah ! voilà le point difficile, c'est certain. Cependant, j'ai déjà l'intention de tenter une chose qui en approche, et qui m'y mènera. Je veux disséquer un être vivant.

— Un être vivant ?

— Oui. Et puisque je vous ai dit mon idée, je puis bien vous confier tous les songes insensés qu'elle m'a fait faire. Mon rêve serait de pouvoir étudier sur des hommes.

— C'est épouvantable, ce que vous me dites là ! Vous tueriez des hommes, alors, pour vous, pour votre plaisir !

— Non, pas pour mon plaisir. Je tuerais des hommes pour le bien des hommes.

Sa figure était en ce moment toute changée. Ses yeux, de vagues, étaient devenus fixes et presque hagards ; une légère rougeur colorait son teint blanc, comme s'il avait la fièvre. Il était là, immobile devant moi, le menton appuyé sur ses deux poings. Il semblait en extase. Certainement il était possédé par son idée plus qu'on ne doit l'être en énonçant une théorie. Je compris qu'il y avait là autre chose qu'une simple tension de l'intelligence ; son idée était une idée fixe, et le pauvre malheureux était un peu monomane. Je me reprochai alors amèrement d'avoir ainsi engagé la conversation, et d'avoir amené Féru sur un terrain dont il avait sans doute peur parce qu'il avait l'habitude de s'y égarer. Je ne savais comment le rappeler à la réalité.

Il y revint de lui-même au bout de quelques minutes, en secouant vivement la tête, comme s'il tait taquiné par un insecte. La coloration de ses joues tomba subitement, et il devint très pâle.

— Qu'avez-vous? lui dis-je. Est-ce que vous souffrez?

— Non, non, répondit-il en se levant pour s'en aller.

Quand il fut près de la porte, il se retourna lentement. Il avait l'air d'avoir oublié quelque chose.

— Ah! fit-il tout à coup, je me rappelle. Je voulais vous dire de ne plus me parler de cela, n'est-ce pas?

Il n'avait pas besoin de me faire cette recommandation. Depuis ce jour, je l'aurais plutôt détourné d'un tel sujet que de l'y entraîner. Nous nous contentions donc de parler d'art et de poésie. D'ailleurs il se montrait moins familier, semblait gêné avec moi, et me laissait souvent disserter tout seul. Peu à peu son silence devint même une sorte de refus. Je sentis que je l'importunais, et nous redevînmes des étrangers l'un pour l'autre.

Il se remit dans son coin, en tournant le dos à la salle. Je me rapprochai des ouvriers, dont la causerie accompagnait seule maintenant le bruit des cinq maigres repas.

Environ huit jours après notre séparation définitive, arriva la fin de la Commune.

Le mercredi 24 mai, j'entrai dans la crémerie, l'après-midi, chassé de chez moi par la bataille. Je n'avais rien mangé depuis la veille, et je me fis servir à déjeuner. Dans les rues avoisinantes, à cinq minutes tout au plus, la lutte continuait. On entendait les coups de fusil claquer comme des coups de fouet dans une chambre étouffée. Le bruit se rapprochait par moments, puis s'éloignait.

Le quincaillier arriva quelques instants après moi.

— Je viens chez vous, patron, dit-il. Moi j'ai fermé ma boutique, et j'aime mieux être avec vous que de rester seul. Cela marche, savez-vous ? Nous aurons pour sûr la ligne ici demain. Ce n'est pas malheureux !

Et il débitait des sottises, des insultes, des prophéties après coup, tout ce que peut vomir un poltron contre un parti vaincu.

— Ne parlez pas tant, lui dis-je. Il y a peut-être des fédérés dans la rue.

Il se retourna terrifié vers la porte, comme si déjà il se sentait pris. Ses genoux faillirent se dérober sous lui. Cet accès de peur calma son accès de rage, et il se tut un moment.

— Vous avez raison, reprit-il. D'ailleurs, les deux ivrognes qui viennent ici tous les soirs ne tarderont pas à arriver sans doute. J'ai vu passer le grand vieux tout à l'heure. Pour sûr il va faire semblant de se battre, et puis il viendra se rafraîchir. Je vous demande un peu, se battre à cet âge-là ! Il a plus de soixante-dix ans, le vieux coquin !

Il allait continuer à déblatérer, quand nous entendîmes un grand bruit de vitres cassées dans la cuisine, couverte d'une marquise en verre. On eût dit qu'un corps y était tombé. Le patron et moi, nous y courûmes, tandis que le quincaillier s'affaissait sous une table, en criant ;

— C'est une bombe ! ça va éclater !

C'était Féru.

Il gisait à terre, couché sur le ventre, et absolument nu. Ses flancs étaient rayés de longues raies rouges faites par le verre coupant et qui semblaient des coups de rasoir.

Notre premier mouvement fut de le prendre par-dessous les bras pour le relever. Mais à peine était-il retourné que nous le laissâmes tomber sur le dos, saisis à la gorge par une épouvantable horreur. Le malheureux avait la poitrine dépouillée, les chairs à vif, et cela non pas par l'effet du verre, mais par suite d'une opération. Il était disséqué. Les nerfs blancs, les artères bleues, les muscles rouges, les aponévroses grisâtres étaient hideusement mis à jour; et la peau, taillée en un grand lambeau carré, retombait sur le ventre comme un tablier rose.

J'eus le courage enfin de me baisser pour rabattre ce haillon d'épiderme sur cette boucherie, et nous apportâmes le corps dans la salle de devant.

Le quincaillier était toujours immobile, n'osant pas regarder. Il ne nous aida en rien.

Le froid du marbre ayant réveillé Féru, je me penchai vers lui.

— C'est affreux, n'est-ce pas? me dit-il à voix

très basse. C'est mon idée qui a fait cela, voyez-vous !

Je voulus le faire taire.

— Non, non, écoutez-moi, reprit-il. Je vais mourir, c'est sûr, d'ici à un quart d'heure. Écoutez-moi ! J'ai eu un accès de folie. J'ai voulu disséquer la vie sur moi. Je n'ai rien senti pendant que je travaillais. C'est tout d'un coup que j'ai repris possession de moi, et alors je souffrais tant, que je me suis jeté par la fenêtre. Ah ! quel malheur de m'en aller sans avoir ma découverte ! Ma préparation anatomique était bien faite, hein !

Et il essayait de soulever sa tête pour regarder sa poitrine.

— Allez, reprit-il, c'est une grande idée qui meurt avec moi... Disséquer la vie !... Étudier un cerveau pensant !...

Les silences sinistres qui entrecoupaient ses paroles étaient remplis par le crépitement plus rapproché de la fusillade.

— Ils se battent donc toujours !... J'ai profité de ce que tout le monde s'occupait à se battre pour travailler... C'est malin, dites !... Mais pourquoi se battre ? Pour tuer ?... Pourquoi tuer ? Pour rien ?... Moi, j'aurais tué tous ces gens-là, s'ils

avaient voulu, et pour quelque chose au moins!...
Disséquer la vie!...

En ce moment, la porte s'ouvrit violemment, et le vieil ouvrier entra, soutenu par deux hommes. Il avait du sang sur ses habits.

— Tiens! fit-il en voyant Féru couché sur une table, il y a déjà un blessé ici?

— Non, répondit le patron, c'est mossieu Féru qui a voulu se tuer.

— Se tuer! répondit l'ouvrier; c'est un rude lâche alors, de se tuer pour rien, quand on peut mourir pour quelque chose.

Féru essaya de se soulever, sans doute pour répondre. Mais sa vie se brisa dans ce dernier effort, et il retomba mort sur la table.

L'ouvrier continuait à parler.

— Taisez-vous! lui dis-je. Vous voyez bien qu'il est mort.

— Et puis après? moi aussi je serai peut-être mort tout à l'heure. J'ai bien le droit de dire ce que je pense. Moi, au moins, je meurs pour...

Je l'interrompis en découvrant la poitrine de Féru, et en disant :

— Lui, il est mort pour la science!

L'ouvrier et ses deux compagnons restèrent immobiles, muets, terrifiés. Tout entiers à la contemplation de cet horrible spectacle, ils ne se rendaient pas bien compte de ce qu'ils voyaient et de ce que j'avais dit. Tout à coup, l'un d'eux comprit tout, et, son regard éclairant aussi les autres, tous trois ôtèrent respectueusement leurs képis.

Pendant ce temps, le quincaillier profitait d'un instant de répit dans la fusillade pour se sauver par la porte de derrière. Quand il passa près de moi, j'entendis qu'il grommelait entre ses dents :

— Bon Dieu ! ils sont tous plus bêtes les uns que les autres.

LE CHEF-D'ŒUVRE DU CRIME

A la mémoire d'Adrien Juvigny

L'œil du public est un aiguillon de gloire

STENDHAL.

Pas de chance ! Il avait pour nom de baptême Oscar, pour nom de famille Lapissotte ; il était pauvre, sans talent, et il se croyait un homme de génie.

Son premier soin, en entrant dans la vie, fut de prendre un pseudonyme ; son second, d'en prendre un autre ; et ainsi de suite, pendant dix ans, il usa tous les vocables de fantaisie qu'il put imaginer pour dépister la curiosité de ses contemporains.

Cette curiosité, d'ailleurs, qu'il avait l'air de craindre et qu'il convoitait au contraire de toutes ses forces, ne cherchait guère à percer les ténèbres épaisses de son existence. Sous toutes ses étiquettes d'emprunt, qu'il se fît appeler Jacques de la Mole, Antoine Guirland, Tildy Bob, Grégorius Hanpska, qu'il s'affublât de désinences nobles, roturières, étrangères, romantiques ou modernes, il n'en restait pas moins le plus inconnu des plumitifs, le plus obscur des incompris et le plus pauvre des gens de lettres. La gloire ne voulait pas de lui.

— *E pur, si muove !* J'ai quelque chose là ! se disait-il avec conviction en frappant de son doigt la boîte osseuse de son crâne, qu'il trouvait profond parce qu'il sonnait creux.

On ne saurait croire à quelles aberrations peut pousser la vanité littéraire. Il y a des hommes de véritable talent qu'elle a jetés dans des ridicules inconcevables, et même qu'elle a induits à commettre des actes honteux ou odieux. Qu'est-ce donc lorsqu'elle tourmente un misérable d'une nullité avérée ? La patience épuisée, l'orgueil aigri, l'impuissance acquise, une vie gâchée par un espoir inutile et tenace, il n'en faut pas tant pour enfanter l'idée d'en finir par un suicide ou d'en sortir par un crime.

Oscar Lapissotte n'était pas assez brave pour

choisir la mort. D'ailleurs, ses prétentions à la supériorité intellectuelle trouvèrent une pâture dans la résolution d'un crime. Il se dit en effet que son génie avait jusqu'alors fait fausse route en s'appliquant aux rêves de l'art, et qu'il était destiné aux violences de l'action. D'autre part, le crime rapporterait une fortune, et la richesse mettrait enfin en pleine lumière cet esprit transcendant qui s'étiolait dans la pauvreté. Artistiquement et moralement, l'incompris se prouva donc qu'il était nécessaire de commettre un crime.

Il le commit. Et, comme si la réalité voulait lui donner raison, pour la première fois de sa vie il fit un chef-d'œuvre.

II

Environ dix ans avant le jour où il devint un scélérat, Oscar Lapissotte avait demeuré au sixième étage dans une maison de la rue Saint-Denis. Perdu au milieu d'une trentaine de locataires, connu seulement sous un de ses nombreux pseudonymes, il y avait été l'amant d'une vieille bonne bavarde qui lui racontait toutes ses petites affaires. Elle servait une veuve, fort âgée, malade et assez riche. Il n'était d'ailleurs resté dans cette maison qu'un mois à peine.

Un soir qu'il venait de quitter un de ses amis, interne à la Pitié, en passant dans une salle pour s'en aller, il reconnut la bonne qui était mourante. Elle lui dit qu'elle n'était plus chez la veuve depuis trois semaines seulement, qu'on l'avait remplacée pour le moment par une femme de ménage, que sa maîtresse était trop infirme pour venir la visiter et que c'était bien désolant.

— Je comprends cela, dit Oscar. Vous voudriez la voir, n'est-ce pas ?

— Oh ! ce n'est pas pour cela. C'est que j'ai peur, si je meurs ici, que madame ne lise toutes les lettres que j'ai laissées chez elle et ne me méprise après ma mort.

— Et pourquoi vous mépriserait-elle ?

— Écoutez ! je vais vous dire toute la vérité. Vous avez été mon amant ; mais il y a si longtemps que c'est passé. Je puis vous confier que j'ai eu d'autres amours. Vous ne m'en voulez pas, hein ? Et puis, vous savez bien que j'étais pas ce qu'il vous faut, à vous ! Vous êtes un artiste, un homme du monde. Vous m'avez eue en passant, sans y attacher d'importance. Mais j'ai dans la maison une espèce d'homme qui est de mon rang, un cocher, que, si madame le savait, ce serait ma perdition. Et j'ai fait tant de mauvaises choses pour lui ! Ah ! le gueux ! j'en étais folle. Il est le père de mon enfant ; c'est pour cela que j'ai passé par où il a voulu. Il me promettait toujours de le reconnaître et de m'épouser. Aujourd'hui je vois bien que c'était de la frime ; mais n'importe ! Mon petit ne sera pas malheureux avec ce que je lui laisse, et madame est assez bonne pour en avoir soin aussi ; car je lui ai écrit, à madame, que j'avais un enfant. J'ai la lettre là, sous mon oreiller, et je veux qu'on la lui remette quand je n'y serai plus, mais seulement si mes papiers sont brûlés avant. Car, sans cela, je mangerai la lettre plutôt. Je ne veux pas que madame sache tout ce que j'ai fait. Elle serait sans pitié pour le gamin si elle savait qu'il est le fils d'une gourgandine et d'une voleuse.

— Voyons, voyons, ma chère amie, dit brusquement Oscar, expliquez-moi mieux votre situation. Vous parlez trop vite, vous embrouillez tout, et il faut me mettre au courant nettement, si vous voulez que je vous rende un service. Je ne demande pas mieux, si c'est possible ; mais j'ai besoin de bien comprendre.

A ce moment, Oscar Lapissotte ne songeait nullement au crime. Il se laissait simplement aller à sa curiosité d'homme de lettres, flairait un roman et se préparait de la *copie*.

— Eh bien ! reprit la bonne, voici ce que c'est. Je vais tâcher d'être claire. Je suis tombée malade tout d'un coup, d'une attaque d'apoplexie, dans la rue, et on m'a amenée à l'hôpital. Madame m'y a laissée, parce qu'on ne pouvait pas me transporter d'ici. Je lui ai écrit, et elle m'a répondu. Sa femme de ménage est venue de sa part. Mais ni à madame, ni à la femme de ménage je n'ai pu parler de ce qui me tourmente. J'ai un paquet de lettres du cocher, vous savez bien, du père. Dans les lettres il y a tout plein de vilaines choses, des vols qu'il me conseille et des remerciements qu'il m'envoyait quand je les avais commis. Car j'ai volé, oui, j'ai volé pour lui, volé ma maîtresse. J'aurais dû les brûler, ces lettres maudites. Mais il y avait aussi dedans des mamours et des promesses de mariage, et des assurances qu'il reconnaîtrait le petit. Alors je les gardais. Un jour, le vaurien m'a menacée de me les prendre pour me compromettre. Je lui refusais de l'argent, et il m'a laissé comprendre qu'une fois maître des papiers, il ferait de moi tout ce qu'il voudrait. J'ai eu diablement peur. Tout de même je n'ai pas voulu me séparer des lettres. Pour les mettre en sûreté, j'ai demandé à madame de lui confier des papiers de famille auxquels je tenais beaucoup, et j'ai ainsi fourré mes lettres dans son secrétaire. Madame m'a donné un tiroir pour moi, avec la clef. Je sais bien que je pourrais lui faire dire que j'ai besoin de mes papiers. Mais je me méfie de la femme de ménage, qui me les apporterait. A des mots qu'elle m'a lâchés, je crois bien deviner qu'elle a aussi le cocher maintenant. C'est un enjôleur, je vous dis. Et s'il l'enjôle, c'est pour avoir le paquet, dont il connaît la cachette. Alors, vous comprenez mon embarras. Oh ! si vous étiez assez bon ! Je ne le mérite pas, c'est vrai ; mais ce serait beau de votre part, de me rendre ce service.

— Quel service ?

— De m'apporter mes lettres.

— Mais comment voulez-vous que je les aie ?

— C'est bien simple, allez ! Le soir, sur les dix heures, madame a pris son chloral pour dormir, et elle dort fort à ce moment. Pendant ce temps, la femme de ménage n'est pas là, puisqu'elle s'en va à sept heures après le dîner. Vous pensez bien que madame ne lui a pas dit qu'elle prenait du chloral, crainte du vol. Elle ne le disait qu'à moi, en qui elle avait pleine confiance, la pauvre. Eh bien ! vous entreriez alors, qu'elle ne vous entendrait pas, et vous pourriez sortir et m'apporter mes lettres. Vous savez qu'il y a deux entrées à la maison. Par l'escalier de service le concierge ne s'apercevrait de rien. Oh ! faites cela pour moi, dites !

— Mais vous êtes folle. Et le secrétaire, comment l'ouvrir ? Et la porte de l'appartement, comment la passer.

— J'ai une double clef du secrétaire. Je l'avais fait fabriquer pour ma honte, pour voler madame. La voici avec celle de mon tiroir. Voici aussi la clef pour entrer par la cuisine, sur l'escalier de service. Je vous en supplie. Je ne sais pas pourquoi, mais j'ai foi en vous, je suis sûre que vous ferez cela, pour que je meure en paix.

Oscar Lapissotte prit les clefs. Il avait les yeux fixes. Une subite pâleur couvrait sa figure. Des contractions nerveuses tiraillaient le pli de ses lèvres minces. Brusquement, la possibilité du crime lui était apparue. Cette femme morte, et la chose était facile à exécuter.

— Oh ! j'étouffe, j'étouffe, dit la malade que sa longue confidence avait épuisée. A boire ! donnez-moi à boire !

Le dortoir était dans l'ombre, vaguement éclairé par une veilleuse. Dans les lits voisins, tout le monde dormait. Oscar souleva la tête de la malade, retira l'oreiller, et le lui posa sur la bouche où il le maintint d'un poignet de fer pendant au moins dix minutes. Il eut l'épouvantable courage d'attendre, la montre en main.

Quand il découvrit la figure, la malade était asphyxiée. Elle n'avait pu faire un mouvement ni pousser un cri. Elle semblait avoir succombé à un coup de sang. Il replaça l'oreiller sous la tête, ramena les couvertures sous le menton. Le cadavre avait l'air de dormir.

Le lit de la bonne étant assez près de la porte, l'assassin sortit sans bruit. Il enfila le corridor des internes, passa par une poterne de la rue de la Pitié, et se trouva dehors sans avoir été vu.

Il était neuf heures vingt minutes.

Sans perdre de temps, tout à la fièvre de l'exécution, le misérable partit à grands pas pour la rue Saint-Denis. Il entra dans la maison avant dix heures.

En route il avait mûri tout son plan.

Il pénétra d'abord dans l'écurie, où devaient être les affaires du cocher. Il y prit une cravate, en déchira un petit lambeau, et mit ce lambeau dans sa poche.

Puis il monta par l'escalier de service, quatre à

quatre. C'était au premier et on pouvait enjamber les dix-huit marches sans risquer d'être aperçu.

Il ouvrit la porte, entra sans bruit, arriva dans la chambre à coucher, et d'un coup étrangla la vieille femme qui dormait. Là encore il eut le sang-froid de tenir la gorge serrée pendant un bon quart d'heure.

Il ouvrit ensuite le secrétaire. Dans le grand tiroir du milieu il y avait des actions et des obligations ; dans le tiroir de gauche, des billets de banque ; dans celui de droite des rouleaux de louis. Il fit un tri des titres au porteur et laissa les autres. En tout, titres, or et billets, il y avait cent quarante mille francs, dont il bourra ses poches.

Il s'occupa ensuite des lettres. Il les trouva facilement dans le petit coin, en haut, où la bonne lui avait dit qu'elles étaient.

Il les brûla dans la cheminée, mais en ayant soin de laisser intacts les morceaux les plus compromettants pour la bonne et le cocher. Quelques-uns seulement, bien choisis, suffisaient pour reconstituer toute l'histoire de l'enfant, des provocations au vol, des vols commis. Il les mit en évidence; près du garde-feu, admirablement arrangés pour faire croire qu'on les avait brûlés à la hâte et qu'on était parti avant qu'ils fussent complètement consumés.

Il chiffonna et déchira le lambeau de cravate dans la main droite, fermée et crispée, de la morte.

Il sortit alors, fila comme un éclair jusqu'à la rue, et se mit immédiatement à marcher avec le pas tranquille et distrait d'un rêveur.

Décidément Oscar Lapissotte ne s'était pas trompé en se croyant un homme de génie : il avait le génie du crime et avait travaillé de main de maître.

III

Un crime, en effet, n'est véritablement un chef-d'œuvre que si l'auteur reste impuni. D'autre part, l'impunité n'est complète que si la justice condamne un faux coupable.

Oscar Lapissotte eut l'impunité complète.

La justice n'hésita pas un seul instant pour trouver l'assassin. Évidemment, c'était le cocher. Les fragments des lettres étaient des indices infaillibles. Quel autre que le cocher, amant de la bonne, pouvait connaître si bien les choses favorables au crime ? Quel autre pouvait avoir les clefs ? N'avait-il pas commencé par voler la veuve de concert avec la bonne ? N'était-il pas logique qu'il eût franchi le pas qui sépare le vol de l'assassinat ? D'ailleurs, le bout de cravate accusateur parlait clairement. Pour comble de malheur le cocher avait de mauvais antécédents. Comme dernière circonstance accablante, il ne put justifier de l'emploi de son temps à l'heure fatale. Il eut beau nier, protester de son innocence : tout était contre lui, rien ne plaidait en sa faveur.

Il fut jugé, condamné à mort, exécuté ; et les juges, les jurés, l'avocat, les journaux, le public, s'accordèrent pour avoir la conscience tranquille à cet endroit. Il ne resta qu'un point obscur dans son affaire, c'est la fortune qu'on ne put retrouver. On pensa que le coquin l'avait cachée en lieu sûr, mais personne ne douta qu'il ne l'eût volée.

En somme, si jamais criminel fut reconnu coupable de son crime, c'est bien celui-là.

IV

On dit que la conscience d'une bonne action donne une paix profonde. Mais peu de gens ont eu la hardiesse de dire que l'impunité d'une mauvaise action procure aussi sa félicité. Barbey d'Aurevilly, parmi ses admirables *Diaboliques*, n'a pas craint d'écrire une nouvelle intitulée *le Bonheur dans le crime*, et il a eu raison; car les scélérats connaissent la sérénité.

Oscar Lapissotte put jouir pleinement de son double meurtre et en savourer les fruits dans une sérénité absolue. Il n'éprouva ni remords, ni terreur. La seule chose troublante qu'il ressentit et qui s'accrut peu à peu, fut un orgueil immense.

Orgueil d'artiste surtout. Ce qui lui fit oublier toute considération morale, c'est précisément la perfection de son œuvre, et le sentiment qu'il avait de s'être montré vraiment impeccable.

Or, en cela seulement, sa soif de supériorité trouva de quoi s'abreuver jusqu'à l'ivresse.

Dans tout le reste, il restait un homme médiocre, obscur, justement inconnu. Il avait beau profiter de sa fortune nouvelle pour forcer la porte des journaux et des revues; il avait beau fêter la critique; il ne pouvait se faire écouter du public. Ses vers, sa prose, ses essais de théâtre, étaient marqués au coin de la nullité. Les gens du métier connaissaient un peu Anatole Desroses, l'homme de lettres amateur qui avait plus de rentes que de talent; mais les lecteurs se moquaient de ses rentes, et tout le monde s'accordait pour lui refuser même le plus petit brin de talent. Il était dûment convaincu d'impuissance.

Et pourtant! se disait-il parfois avec un éclair dans les yeux, pourtant, si je voulais! Si je racontais mon chef-d'œuvre! car j'ai fait un chef-d'œuvre. Il n'y a pas de doute pour celui-là. Anatole Desroses est peut-être un crétin, soit; mais Oscar Lapicotte est un homme de génie. C'est tout de même épouvantable à penser, qu'une chose aussi bien machinée, aussi puissamment conçue, aussi vigoureusement exécutée, aussi complètement *réussie* restera éternellement inconnue. Ah! ce jour-là, j'ai eu l'inspiration, la vraie, celle qui fait faire les choses parfaites. Mon Dieu! l'abbé Prévost a barbouillé plus de cent romans détestables et n'a écrit qu'une *Manon Lescaut*. Bernardin de Saint-Pierre ne laissera que *Paul et Virginie*. Il y a beauconp de ces génies singuliers qui ne produisent qu'une œuvre. Mais aussi, quelle œuvre! Cela reste comme un monument dans une littérature. Moi, je suis de cette famille d'esprits. Je n'ai fait qu'une belle chose. Pourquoi l'ai-je vécue au lieu de l'écrire? Si je l'avais écrite, je serais célèbre. Je n'aurais qu'un conte à montrer, mais tout le monde voudrait le lire, car il serait unique dans son genre. J'ai fait *le chef-d'œuvre du crime*.

Cette idée devint à la longue une obsession.

Pendant dix ans il lutta contre elle. Il se laissa dévorer, d'abord par le regret de n'avoir pas fait le rêve à la place de l'action, puis par le désir de raconter l'action comme un rêve. Ce qui le hantait, ce n'était pas le démon de la perversité, cette puissance singulière qui pousse les personnages d'Edgar Poë à crier leur secret; c'était seulement une préoccupation littéraire, le besoin de renommée, le prurit de la gloire.

Comme un subtil conseiller qui réfute une à une les objections et qui fait valoir les arguments captieux, son idée fixe le poursuivait de mille raisonnements.

Pourquoi n'écrirais-tu pas la vérité ? que crains-tu ? Anatole Desroses est à l'abri de la justice. Le crime est vieux. Pour tout le monde, il est oublié. L'auteur en est connu, il est mort et enterré avec sa tête entre les jambes. Tu auras l'air d'avoir arrangé artistiquement une ancienne histoire judiciaire. Tu mettras là dedans toutes tes pensées obscures, toutes les rancunes qui t'ont poussé au meurtre, toutes les habiletés que tu as combinées pour le commettre, toutes les circonstances que t'a fournies ce merveilleux inventeur qui s'appelle le hasard. Toi seul es dans le secret de l'œuvre, et personne ne devinera que tu l'as puisé dans la réalité. On ne verra dans ton conte que l'effort d'une imagination extraordinaire. Et alors tu seras l'homme que tu veux être, le grand écrivain qui se révèle tard, mais par un coup de maître. Tu jouiras de ton crime comme jamais criminel n'a pu jouir du sien. Tu en auras tiré non seulement la fortune, mais encore le laurier. Et qui sait? Après ce premier succès, quand tu auras un nom, tu feras lire tes autres œuvres, et on reviendra sans doute sur l'injuste opinion qu'on a de toi. Sur le chemin de la célébrité, il n'y a que le premier pas qui coûte. Courage! Retrouve un peu de cette hardiesse étonnante que tu as eue un jour dans ton existence. Vois comme elle t'a réussi. Elle ne peut manquer de réussir encore. Tu as su prendre une fois l'occasion aux cheveux. Tu la tiens encore dans ta main aujourd'hui. La laisseras-tu fuir? Tu sais bien que l'œuvre est belle, n'est-ce pas? Eh bien ! raconte-la sans peur, sans ambages, fièrement, dans sa majestueuse horreur. Et, si tu veux m'en croire, va jusqu'au bout de ton orgueil, sois crâne outrageusement, et renonce au pseudonyme qui a l'air d'être ton nom, pour signer de ton nom qui aura l'air d'un pseudonyme. Ce n'est pas Jacques de la Mole, Antoine Guirland, ni même Anatole Desroses, ce n'est pas le tas d'individus sans talent qu'il faut illustrer; c'est toi seul, c'est Oscar Lapissotte.

Et un beau soir, Oscar Lapissotte s'assit devant du papier blanc, la tête en feu, la main fiévreuse,

13.

comme un grand poète qui se sent prêt à accoucher d'une grande chose, et il écrivit d'un trait l'histoire de son crime.

Il racontait les débuts misérables d'Oscar Lapissotte, sa vie de bohème, ses insuccès multipliés, sa médiocrité prouvée, ses rancunes terribles, les idées de suicide et de crime qui dansaient dans sa cervelle, les révoltes d'un cœur que la chimère a trompé et qui veut se venger sur le réel, tout un roman de psychologie pénétrante, l'anatomie de son esprit. Puis, en traits sobres et d'une effrayante netteté, il décrivait la scène de la Pitié, la scène de la rue Saint-Denis, la mort du faux coupable, le triomphe du vrai meurtrier. Alors, avec une subtilité de détails curieuse et satanique, il analysait les causes qui avaient décidé l'auteur à publier son crime, et il finissait par l'apothéose d'Oscar Lapissotte, qui mettait sa signature au bas de cette confession.

V

Le *Chef-d'œuvre du crime* parut dans la *Revue des Deux Mondes* et eut un succès prodigieux.

On en peut avoir une idée par les quelques extraits suivants des articles de critique qui saluèrent son apparition :

« Tout le monde sait que sous le pseudonyme d'Oscar Lapissotte (un nom d'une fantaisie peut-être un peu trop gauloise) se cache un auteur qui se plaît à ces sortes de déguisements, M. Anatole Desroses. Après avoir longtemps gaspillé son talent dans le petit journalisme, M. Anatole Desroses vient de nous donner sa vraie mesure. La nouvelle est tirée d'un drame judiciaire qui s'est passé il y a environ dix ans, rue Saint-Denis. Mais l'imagination du romancier a su transformer un vulgaire assassinat en une œuvre étonnante de combinaison. Le pauvre Gaboriau lui-même n'aurait pas trouvé les complications qu'a inventées M. Anatole Desroses. Nous donnerons le *Chef-d'œuvre du crime* dans notre numéro double de dimanche prochain.' » — (Philippe Gille. — *Figaro*).

« Pendant que je parle de la poule au riz, je dois dire un mot de la chair de poule que m'a donnée le *Chef-d'œuvre du crime*. Il y a dans l'analyse des sentiments une pointe de métaphysique qui me gâte un peu la fantaisie vraiment extraordinaire du récit. Mais quel est le livre sans défaut? La bizarrerie même de ces détails subtils est comme un ragoût agréable. Grimod de la Reynière et Restif de la Bretonne ont de ces obscurités amusantes. M. Anatole Desroses est de leur famille. Il a écrit comme eux un fatras de choses inconnues parmi lesquelles cinquante pages tout à fait remarquables. Il sera le plus célèbre parmi les *oubliés* et les *dédaignés* de notre temps. » — (Charles Monselet. — *Événement*).

« L'auteur de cette nouvelle n'est pas un lyrique comme nous l'entendons : mais ce n'est pas non plus un réaliste. Son génie fantastique a les ailes de l'ode. Toutefois il faut bien avouer qu'Anatole Desroses est plutôt un nourrisson des Euménides, des chiennes sanglantes qui aboient sur les traces d'Orestès meurtrier de la grande Klytaimnestra, qu'un nourrisson des Grâces à la belle gorge. Mais qu'importe le terrain, pourvu qu'on y voie croître le laurier? » — (Théodore de Banville. — *National*).

« Pas de remords! c'est bien là le crime d'un athée. Si un rayon de foi chrétienne traversait ces ténèbres,

M. Anatole Desroses pourrait passer pour le Dante de l'enfer moderne. Il n'en est que le Disdéri. Mais c'est de la photographie en couleurs. Il a la touche. Il écrit. Il va même jusqu'à savoir analyser. Il sondera peut-être les reins de sa génération, qui les a bien malades. » — (Louis Veuillot. — *Univers*).

« Chef-d'œuvre en effet, ce *Chef-d'œuvre du crime!* Et pas si crime ! Car cette plume a des éclairs d'épée et des tranchants de scalpel. Elle pousse des bottes terribles à la sérénité du crime et la découpe en anatomie, bien qu'elle lui fasse une auréole de moulinets flamboyants. On y voit plus clair, voilà tout ! C'est la clarté sulfureuse que jette l'œil du diable, d'ailleurs ; et c'est aussi le doigt du diable, que ce doigt enragé de M. Anatole Desroses troussant la robe du crime et montrant le cœur humain sans feuille de vigne. Il me plaît, ce M. Anatole Desroses, qui aurait dû s'appeler Desépines ou Desorties ; il me plaît comme un vice. » — (J. Barbey d'Aurevilly. — *Constitutionnel*).

Seyarc fit sur le *Chef-d'œuvre du crime* une conférence au boulevard des Capucines. Il établit des comparaisons avec Hoffmann et Edgar Poë, toucha deux mots de l'art dramatique à propos des préparations psychologiques qui amenaient les scènes de meurtre, fit une digression sur le genre du vaudeville, une autre sur l'école normale, une troisième sur l'essence de la digression, et finalement appela l'auteur un quart de génie, tout en lui tapant familièrement sur le ventre.

En somme, il y eut un concert d'éloges, à part les criailleries indispensables des envieux, des sots, des prud'hommes et autres menus vérons du journalisme.

VI

Toutefois, dans tous les articles, même les plus flatteurs, deux choses se retrouvaient qui irritèrent beaucoup Oscar Lapissotte.

La première, c'est qu'on s'obstinait à prendre son vrai nom pour un pseudonyme et à l'appeler Anatole Desroses.

La seconde, c'est qu'on parlait trop de son imagination et qu'on ne faisait pas assez ressortir la vraisemblance de son récit.

Ces deux *desiderata* le tourmentèrent à tel point qu'il en oublia tout le bonheur de sa gloire naissante. Les artistes sont ainsi faits que, même quand la critique les couche sur un lit de roses, ils souffrent si quelque feuille fait le moindre pli.

Aussi, un beau jour, comme un quidam félicitait le grand homme qui avait écrit le *Chef-d'œuvre du crime*, et lui donnait de l'encensoir par le nez à tour de bras, le grand homme lui répondit à brûle-pourpoint :

— Eh! monsieur, vous me féliciteriez bien autrement si vous saviez le fin mot des choses. Ma nouvelle n'est pas un roman ; elle est arrivée. Le crime a été commis tel que je l'ai raconté. Et c'est moi qui l'ai commis. Je m'appelle de mon vrai nom Oscar Lapissotte.

Il disait cela froidement, avec un grand air de conviction, détachant bien ses phrases, comme quelqu'un qui veut être cru.

— Ah! charmant! charmant! s'écria son interlocuteur. La plaisanterie est d'un lugubre renversant. C'est du meilleur Baudelaire !

Et le lendemain tous les journaux répétaient l'anecdote. On trouva délicieuse la tentative de mystification par laquelle Anatole Desroses voulait se faire passer pour un assassin. Décidément, il était original et digne d'occuper Paris.

Oscar Lapissotte devint furieux. En faisant cette confession terrible, il avait agi machinalement en quelque sorte. Maintenant il avait réellement besoin d'être cru par quelqu'un.

Il renouvela sa confession à tous les amis qu'il

rencontra sur le boulevard. Le premier jour cela parut drôle. Le second jour on trouva qu'il avait la farce monotone. Le troisième jour il fut jugé ennuyeux. Au bout de la semaine, il finit par passer pour un franc imbécile.

Il ne savait pas se maintenir à la hauteur de sa réputation de grand homme. Ses plus chauds partisans le blaguèrent.

Ce commencement de dégringolade l'exaspéra.

— Ah ! c'est trop fort! dit-il aux incrédules, en plein café; ainsi personne ne veut ajouter foi à ce qui est l'exacte vérité; personne ne veut reconnaître que j'ai non seulement écrit, mais exécuté le *Chef-d'œuvre du crime!* Eh bien ! j'en aurai le cœur net. Demain, tout Paris saura qui est Oscar Lapissotte !

VII

Il alla trouver le juge d'instruction qui avait mené l'affaire de la rue Saint-Denis.

— Monsieur, lui dit-il je viens me constituer prisonnier. Je suis Oscar Lapissotte.

— Inutile de continuer, monsieur, lui répondit le juge d'un air aimable. J'ai lu votre nouvelle, dont je vous fais mes compliments. Je connais aussi l'excentricité à laquelle vous vous amusez depuis huit jours. Un autre que moi se fâcherait, peut-être, de voir que votre plaisanterie pousse jusqu'à la magistrature. Mais j'aime les lettres, et je ne saurais vous en vouloir d'essayer sur moi aussi votre spirituelle farce, puisque cela me vaut le plaisir de faire votre connaissance.

— Eh ! monsieur, dit Oscar impatienté de ces politesses, il s'agit bien de plaisanterie ! Je vous jure que je suis Oscar Lapissotte, et que j'ai commis le crime, et je vais vous le prouver.

— Eh bien! monsieur, reprit le magistrat, vous allez voir comme je suis de bonne composition. Pour la curiosité du fait, je veux bien me prêter à ce jeu. Je vous avouerai même que je me fais d'avance une fête de voir comment un esprit aussi subtil que le vôtre pourra s'y prendre pour me prouver l'absurde.

— L'absurde? Mais ce que j'ai raconté est la vérité absolue. Le cocher n'était pas coupable. C'est moi qui ai disposé...

— Je crois vous avoir dit, cher monsieur, que j'ai lu votre nouvelle. S'il vous plaît de me la raconter vous-même, j'en aurai une joie infinie. Mais cela ne me prouvera rien du tout, sinon ce qui m'est prouvé déjà, à savoir que vous avez une imagination singulièrement riche et étrange.

— Je n'ai eu d'imagination que pour commettre mon crime.

— Pas pour commettre; pour l'écrire, cher monsieur, pour l'écrire. Et tenez, laissez-moi vous dire toute ma pensée là-dessus ! Vous avez eu un peu trop d'imagination, vous avez passé les bornes permises à la fantaisie de l'écrivain, vous avez inventé certaines circonstances qui pèchent contre le vraisemblable.

— Mais puisque je vous dis...

— Permettez! permettez! Vous souffrirez bien que je me reconnaisse quelque compétence en matière de crime. Et bien! je vous assure, la main sur la conscience, que votre crime n'est pas combiné naturellement. La rencontre avec la bonne à la Pitié est trop une chose de hasard. Le chloral (passez-moi le jeu de mot) est dur à digérer. Et bien d'autres détails de même. En tant qu'œuvre d'art, votre nouvelle est charmante, originale, bien machinée, ce que vous appelez empoignante; et j'admets que vous avez eu parfaitement raison, vous écrivain, de travestir ainsi la réalité. Mais votre fameux crime en lui-même est impossible. Mon cher monsieur Desroses, je suis désolé de vous faire de la peine ; mais si je vous admire comme homme de lettres, je ne saurais vraiment vous prendre au sérieux comme criminel.

— C'est ce que tu vas voir! hurla Oscar Lapissotte en bondissant sur le magistrat.

Il avait l'écume aux lèvres, le sang aux yeux, tout le corps soulevé par un accès de colère. Il aurait étranglé le juge, si l'on n'était venu aux cris.

On maîtrisa ce furieux, on le lia, et il fut immédiatement enfermé.

Cinq jours plus tard, on le conduisait à Charenton comme fou.

— Voilà pourtant où mène la littérature ! disait, le lendemain, je ne sais quel chroniqueur. Anatole Desroses a fait une fois, par hasard, une belle chose. Il en a été tellement troublé, qu'il a fini par croire à la réalité de son rêve. C'est la vieille fable de Pygmalion devenant amoureux de sa statue. Ce pauvre Murger me disait un jour... etc... etc...

VIII

Et ce qu'il y a de plus épouvantable, c'est qu'Oscar Lapissotte n'était pas fou. Il avait bien toute sa raison, et n'en était que plus torturé.

— Ainsi, pensait-il, j'ai tous les malheurs. On ne veut croire ni à mon nom, ni à mon crime. Quand je serai mort, je passerai simplement pour Anatole Desroses, un écrivassier qui a eu la veine d'imaginer un seul beau conte; et on prendra pour un personnage de roman cet Oscar Lapissotte, cet être que je suis, l'homme de sang-froid, de décision, d'action, le héros de la férocité, la négation vivante du remords. Oh! qu'on me guillotine, mais qu'on sache la vérité! Ne fût-ce qu'une minute, avant de fourrer mon cou dans la lunette; ne fût-ce qu'une seconde, pendant que le couperet tombera; ne fût-ce que le temps d'un éclair, je veux avoir la certitude de ma gloire et la vision de mon immortalité !

On traitait cette exaltation par les douches.

Enfin, à force de vivre dans son idée fixe, et dans la compagnie des fous, il devint fou lui-même.

C'est justement alors qu'on le renvoya en le déclarant guéri.

Oscar Lapissotte avait fini par croire qu'il était bien Anatole Desroses et qu'il n'avait jamais assassiné.

Il est mort avec la conviction d'avoir *rêvé* son œuvre et de ne pas l'avoir *faite*.

LE CHASSEPOT DU PETIT JÉSUS

A Germain Nouveau

I

Si l'on savait les dangers de la guerre
HERVÉ.

C'est un drôle de conte de Noël, allez!

Le vieux père Rolland, un marin qui commandait la division, et qui n'avait pas froid aux yeux, nous avait envoyés en reconnaissance le long du Doubs, jusqu'à Plommecy, à douze lieues de Besançon. On avait marché tout le jour, tantôt sur le chemin de halage, où la neige avait un pied de haut, tantôt par des sentiers de traverse, qu'un troupeau de bœufs avait changés en fondrières de boue. Grâce aux détours du fleuve, et malgré les raccourcis, nous avions fait plus de dix lieues depuis quatre heures du matin, quand nous arrivâmes à Plommecy à la nuit tombante. Mornes, harassés, muets, nous traînions la jambe, avec ce balancement lourd et régulier des soldats las, qui de temps en temps donnent un coup d'épaule pour remonter le sac. Seul, un vieux contrebandier, que nous appelions le sapeur à cause de sa grande barbe, avait conservé de l'allure et de l'entrain. Il allait du même pas allègre, solide; et à travers ses moustaches pleines de glaçons, il chantonnait son interminable refrain :

> Mon habit a deux boutons,
> Marchons légère, légère,
> Mon habit à trois boutons,
> Marchons légèrement.

On reprit un peu de vigueur en approchant de Plommecy. Là-bas, au bord de l'eau, sur le ciel, d'un gris terne, les toits couverts de neige faisaient de grandes taches blanches.

— Allons ! allons ! dit le sapeur, du cœur aux semelles, les enfants ! Et il chantait :

> Y aura la goutte à boire là-haut,
> Y aura la goutte à boire.

On redoubla le pas pour arriver.

Les Prussiens, on n'y pensait guère. Depuis le

matin qu'on trimait pour les signaler, on ne les avait pas rencontrés une seule fois.

Des farceurs ! disait un loustic, ils ne se laissent pas voir, et il faut les reconnaître.

On y songea cependant aux abords du village. Aucun mouvement! Pas de lumière ! Un silence de mort ! Est-ce que les paratonnerres seraient embusqués là dedans ! Chacun fit passer son chassepot du cran de sûreté au cran de départ, et mit le doigt sur la gâchette. Les jarrets fatigués redevinrent élastiques ; les reins raidis s'assouplirent pour prendre la position de marche aux aguets, et on entra entre les premières maisons, prêts à se reposer d'un jour de marche par une nuit de combat.

— Ah çà ! c'est un cimetière, ici, dit quelqu'un. Si on frappait à cette porte ! Les gens nous diront ce qu'il y a, nous trouverons au moins à qui parler, quand ce ne serait qu'à coups de fusil.

On frappa. Personne ne répondit.

On frappa à une autre porte. Personne encore.

A la troisième, le lieutenant donna un grand coup de pied dans le panneau de bois, et, la porte s'étant ouverte sous le choc, il pénétra dans la maison, le revolver au poing. Dix homme le suivaient. Nous restions cinq dans la rue pour veiller au grain.

Trois minutes après, nos hommes revenaient, la mine inquiète. La maison était vide. Une autre, une autre encore, furent ouvertes. Toujours la même chose : le village était abandonné.

— Diable ! diable ! fit le lieutenant. Les Prussiens sont venus par ici, pendant que nous regardions l'eau couler dans le Doubs. Les paysans auront filé sur Baume. Il faudra faire bonne garde cette nuit.

Il plaça donc une sentinelle à chaque bout de la rue, une autre sur le point qui menait à la plaine, et conduisit le reste de ses hommes vers la ferme qui paraissait la plus importante, afin qu'on y fît la soupe et qu'on s'arrangeât pour y dormir.

Mais à peine eut-il poussé la grand'porte de la cour, que tous nos soupçons furent confirmés. C'est là que les Prussiens s'étaient logés ; on le voyait au bac renversé, au foin jeté prodiguement du grenier et laissé dans le coulin, à la porte de la cave défoncée, et aux bouteilles vides éparses dans la paille du cantonnement. Un poste de uhlans avait dû passer la nuit dans la cour, les officiers occupant la maison.

En trois bonds nous fûmes dans l'intérieur. Plus de doute. Une table couverte d'assiettes sales, de verres à demi vidés, de flacons cassés au col, les restes d'une orgie de goinfres. Dans la cheminée, des bûches empilées de champ et en tas, brûlant encore. Le lit était défait, comme éventré. Des bottes boueuses avaient maculé les draps de belle toile blanche.

Comme le lieutenant délibérait s'il n'y avait pas moyen de poursuivre ces gueux, le sapeur, qui était allé fureter dans les étables avec l'espoir de dénicher quelques œufs, nous appela du fond de de la cour. On courut à sa voix.

Le sapeur était en train de consoler un petit garçon de douze ou treize ans, qui pleurait à fendre l'âme. Il l'embrassait, étouffant dans sa grosse barbe les sanglots de l'enfant, et lui disait :

— Je te promets que nous les attraperons. Ne pleure pas. Je t'en donnerai un à tuer.

Nous n'y comprenions rien. Mais le lieutenant ayant allumé une lanterne qui éclaira soudain l'étable, nous comprîmes tout. Dans un coin, près de la crèche, deux corps gisaient, un homme et une femme. Derrière eux, sur le mur, s'étalaient deux larges étoiles de cervelle et de sang. Les deux cadavres se tenaient par la main.

— Papa! maman! criait le petit sans écouter les consolations du sapeur.

Il se calma pourtant à notre vue, et put enfin nous raconter son malheur. Les paysans avaient quitté le village depuis trois jours à la nouvelle des uhlans qui s'approchaient; son père et sa mère seuls avaient voulu rester; les Prussiens étaient venus, avaient tout mis au pillage ; mais au moment de les voir partir, le père n'avait pu s'empêcher d'insulter l'officier qui les commandait ; l'officier avait souffleté le père ; le père s'était jeté sur lui pour l'étrangler; et alors l'officier avait fait conduire le père et la mère dans cette étable, et leur avait brûlé la cervelle avec son revolver.

— Oh! disait l'enfant, je le reconnaîtrai bien, le brigand, et je le tuerai aussi.

Puis, se tournant vers le lieutenant, il lui demanda soudain :

— Voulez-vous m'engager dans vos francs-tireurs ?

Le lieutenant comprit qu'il ne pouvait désoler le pauvre petit, et qu'il serait toujours temps de lui faire comprendre plus tard l'impossibilité de sa demande.

— Oui, répondit-il.

— Alors, donnez-moi un fusil, et je vais aller tuer des Prussiens.

— Je n'ai pas de fusil, mon petit ami, reprit le lieutenant. Viens avec nous à Besançon. Nous verrons quand nous serons là.

Un peu consolé par cette promesse, l'enfant se laissa emmener dans la grand'chambre pendant que nous enterrions tant bien que mal ses parents.

Le lendemain, il revenait avec nous ; et, comme au bout de cinq ou six lieues il n'en pouvait plus de lassitude, le sapeur le mit à califourchon sur son sac jusqu'à la fin de l'étape, en marchant toujours de son pas allègre et solide, et en chantonnant son interminable refrain :

> Mon habit a cent boutons,
> Marchons légère, légère,
> Mon habit a cent un boutons,
> Marchons légèrement.

II

Le lendemain et le surlendemain, l'enfant vécut avec nous, et personne n'eut le courage de lui dire qu'on n'engageait pas des francs-tireurs de treize ans. Chaque jour plus ardemment il demandait un fusil, et s'irritait de ne pas être habillé et armé en soldat.

— Si vous partiez demain, disait-il, je ne serais pas prêt, et vous ne voudriez pas m'emmener.

Ce soir-là, c'était Noël. On s'arrangea pour faire un petit réveillon chez le brave homme qui nous logeait à dix aux Chaprais, faubourg de Besançon. Le petit devait en être. Cela l'égayerait. On le mit donc coucher sur les sept heures, et on lui promit de venir le réveiller à minuit.

A onze heures et demie, j'étais là, un peu en avance. Je montai à la chambre où dormait l'orphelin, pour laisser la salle d'en bas à la mère Gaudot qui préparait le réveillon. L'enfant dormait et ma lumière ne le réveilla pas. Il faisait froid dans cette pièce, et machinalement je regardai la cheminée.

O force des habitudes douces! L'enfant, oubliant sa douleur, avait mis dans l'âtre ses souliers, comme au bon temps où le petit Jésus lui apportait son Noël. L'innocent ne savait pas que, sa mère étant morte, petit Jésus aussi était mort; et confiant, il attendait dans un tranquille sommeil le présent du bon Dieu. Quelle désillusion, au réveil! Comme cela lui semblerait triste, de se voir abandonné du ciel! Ses parents tués, lui seul au monde, voilà donc que le petit Jésus aussi l'oubliait! Comme il allait se sentir doublement orphelin!

Tout à coup une idée me prit. Dégringolant l'escalier :

— Mère Gaudot, m'écriai-je, le petit dort là-haut. Faites en sorte qu'on ne le réveille pas avant mon retour. Dites à mes amis que c'est dans son intérêt. Attendez-moi pour commencer le réveillon.

Et je filai vers l'arsenal, où je connaissais un maître armurier

A minuit quelques minutes, j'étais là. Tout le monde m'attendait.

— Ah çà, qu'est-ce que cela signifie? dit le sapeur.

— Laisse, laisse, répondis-je en dissimulant quelque chose sous ma capote. L'enfant n'est pas réveillé, au moins?

— Mais non, parbleu!

Je montai alors à pas de loup, sans vouloir dire ce que j'allais faire.

— Là, maintenant, fis-je en redescendant, appelez-le si vous voulez, mais d'ici.

On cria, on cogna au plafond, et presque aussitôt on vit arriver l'enfant radieux, en chemise, avec un képi, une cartouchière au flanc, et brandissant un petit chassepot de cavalerie.

— Vive Noël! criait-il; voyez le beau chassepot du petit Jésus!

III

Le lendemain nous partions en expédition. Quatre jours après nous trouvions les Prussiens, près de Belfort, et une escarmouche s'engageait.

C'était sous bois, le matin. La brume accrochée aux broussailles se déchirait à l'éclair des coups de fusil. On se voyait à peine. Tout à coup l'enfant poussa un grand cri.

— Il est là ! il est là ! je le vois ! là, derrière ce gros chêne.

Il montrait un arbre isolé dans une clairière, et derrière lequel, en effet, semblait se mouvoir un cavalier. Il avait reconnu l'officier de uhlans. Il voulut s'élancer de ce côté. Le bond qu'il fit le démasqua, et il tomba avec une balle dans la poitrine. L'officier avait tiré un coup de revolver.

— Sale lâche ! cria le sapeur.

Et, de sa main assurée, il épaula lentement.

Paf! le cheval de l'officier avait la jambe de devant cassée, et s'abattait, prenant son maître sous lui.

— En avant! vengeons le petit! dit le sapeur.

Au pas de course, on franchit la clairière. Les Prussiens, voyant leur chef à terre, filaient devant nous. Le sapeur arriva le premier sur l'officier, et reçut une balle dans son képi, qui s'envola comme un oiseau.

— Tire toujours, mon bonhomme! lui dit-il en lui saisissant le poing dans sa main d'acier.

Les quatre derniers coups du revolver partirent en l'air, et le sapeur, retirant son prisonnier engagé sous le cheval, lui mit un genou sur la poitrine.

— Apportez le petit, cria-t-il.

Le petit râlait en ce moment.

— On ne peut pas, répondit-on, il va mourir.

— Sacrebleu! dit le vieux contrebandier, il ne faut pourtant pas qu'il s'en aille sans être content.

Et prenant l'officier à bras-le-corps, lui tenant les mains derrière le dos, il le porta auprès de l'enfant.

L'enfant eut un sourire de joie, et la vie lui revint.

— Lâche ! lâche ! murmurait-il.

On l'avait assis contre un arbre, et le sapeur tenait devant lui l'officier à genoux.

— Tue-le, mon petit ; tue-le, va ! tu sais bien que je te l'ai promis.

L'enfant tourmentait d'une main convulsive son chassepot gisant à terre entre ses jambes. Tout d'un coup, par un brusque mouvement, réunissant tout ce qui lui restait de vigueur pour ce dernier effort, il appuya la crosse de l'arme sur sa poitrine blessée, dirigea le canon vers la figure de l'Allemand, et lâcha le coup en fermant les yeux.

L'officier avait la tête fracassée, et l'enfant était mort.

— Pauvre petit ! dit le sapeur en mangeant une grosse larme, il a tout de même eu de belles étrennes.

BONJOUR, MONSIEUR !

A André Gill

> La *modernité*, de l'elixir de la fièvre !
> ADRIEN JUVIGNY.

Ferdinand Octave Bruat se réveilla un matin avec une idée qui lui sembla bonne.

Ferdinand Octave Bruat était ce qu'on appelle vulgairement un homme de lettres. Il avait fait des vers que personne n'avait voulu éditer, des romans que tous les journaux avaient rendus sans les lire, des pièces de théâtre que le directeur des Funambules lui-même avait refusées.

Pourtant il avait, à défaut de talent, une théorie, un idéal. Il se croyait appelé au rôle de chef d'école, et il pensait fermement avoir inventé le genre *moderne*. Il entendait par là l'expression de tout ce qui constitue la vie de nos jours, si bizarre, si pratique par certains côtés, si folle par d'autres. Il soutenait qu'il est temps de rompre en visière avec les imitations, tant classiques que romantiques, et qu'il fallait fouiller la société contemporaine pour en extraire des idées, des formes, une langue, absolument neuves et originales. Il disait que chaque époque ayant eu son expression propre, la nôtre devait à son tour avoir la sienne.

Il n'avait pas tort.

Malheureusement il n'était pas de taille à porter au combat ce drapeau qu'il arborait, et toute sa vaillance se bornait à discuter beaucoup, à pérorer dans les cafés. Il renversait plus de mazagrans que de préjugés, et il faisait plus de dettes que de chefs-d'œuvre.

Or, un matin, il trouva au saut du lit le chef-d'œuvre qu'il cherchait depuis si longtemps. Quand'je dis qu'il trouva, je me trompe ; je veux dire qu'il crut trouver.

Il avait accouché d'un titre.

Qu'en ferait-il ? Il n'en savait rien encore. Mais le titre lui parut éloquent, sonore, facile à retenir, riche en variations, plein de *modernité*, et résumant tout le siècle d'une façon à la fois simple et complexe.

Ce titre, c'était une formule d'autant plus étonnante qu'elle était plus banale; c'était une phrase de deux mots qui se dit des milliers de fois chaque matin, une phrase sans recherche, sans prétention, sans pédantisme, ni classique, ni romantique. C'était tout bonnement : *Bonjour, monsieur!*

Sous ce titre, il fit d'abord un sonnet.

Le sonnet fut lu aux amis, naturellement accompagné de préliminaires, commentaires, tant philologiques, que philosophiques, destinés à en faire bien goûter le suc, à en faire comprendre toute la portée.

Il n'y eut qu'une voix pour dire que c'était admirable.

— Il faut le publier au plus vite, crièrent les plus enthousiastes. Cela va donner la note de la poésie nouvelle.

Un grincheux qui n'osait pas dire franchement son avis, mais qui était agacé par ce succès, tourna sa critique dans un compliment.

— Moi, dit-il, je crois que le sujet demandait plus de développements. Certes le sonnet est beau. Mais ne vous semble-t-il pas qu'il ne suffit point à une idée de cette importance? Songez donc! Une chose si profonde, si variée, si compliquée, cela ne peut pas tenir dans quatorze vers. La pensée trop puissante fait craquer la forme. A la place de Bruat, je ferais de mon sonnet un drame.

Tout le cénacle opina du bonnet, enchanté au fond de voir le fameux sonnet reçu ainsi à correction.

Bruat ne comprit pas l'ironie du grincheux.

— Tu as raison, s'écria-t-il en se rengorgeant. J'avais rapetissé mon idée dans ce moule étroit. Merci de ta critique, qui prouve combien tu m'estimes. En effet, mon idéal vaut mieux que quatorze vers. J'en ferai un drame en cinq actes et neuf tableaux.

Et, malgré les protestations hypocrites de ses amis, il déchira en miettes le sonnet chef-d'œuvre.

Il vécut pendant cinq ans sur le souvenir de ce sonnet. Il promettait toujours le drame étonnant intitulé : *Bonjour, Monsieur!* Il était devenu presque célèbre avec cette pièce en portefeuille. On savait qu'il n'y avait plus que quelques scènes à faire; on se disait que la besogne avançait; des naïfs et des convaincus, qui n'avaient jamais vu l'auteur, se portaient garants de son génie, et colportaient sa renommée. A les en croire, c'était un grand avenir, une merveilleuse espérance; on devait s'attendre à un coup de tonnerre. Sans doute il y mettait le temps; mais l'aloès ne met-il pas cent ans à fleurir?

Enfin le drame fut achevé. Ce fut un grand événement dans les petits journaux. Quel théâtre allait servir de champ de bataille à la nouvelle école? Sans doute les directeurs se disputeraient l'honneur de présenter au public l'œuvre capitale du dix-neuvième siècle? Y aurait-il des artistes capables de l'interpréter?

Avant tout, Bruat réunit sa petite cour, et voulut lui donner la primeur de sa victoire.

Il n'eut pas le même succès que la première fois. Peut-être les esprits s'étaient-ils fait d'avance une trop haute idée du drame? Peut-être Bruat n'avait-il pas été aussi étonnant qu'on l'espérait? Peut-être se mêla-t-il un peu d'envie au jugement des auditeurs? Peut-être aussi ces auditeurs étaient-ils moins jeunes et partant moins enthousiastes? Bref, ce fut un four de lecture.

Seul, le grincheux protesta contre la froideur générale, et fit parade d'une admiration sans bornes.

— A la bonne heure, disait-il, voilà qui répond

à l'idée cherchée. Il y a du mouvement, de la vie, du fouillé, du chien, du coudoyé. Enfoncé, le sonnet ! Mon vieux, tu as trouvé le drame nouveau, le drame de l'avenir, le drame moderne !

Mais Bruat était consterné.

Au fond, il se méfiait du grincheux, qui lui avait conseillé de substituer un drame au sonnet. Il lui gardait rancune de ce que le drame ne faisait aucun effet quand le sonnet en avait fait un si grand.

— Voyons, dit-il aux autres, qu'est-ce que vous me reprochez?

— Mais rien, rien du tout, répondit le chœur des amis.

— Cependant, mon drame ne vous semble pas bon, je le vois bien.

— Veux-tu que je te dise la vérité? interrompit quelqu'un que l'insuccès de Bruat rendait brave.

— Dis-la, mon ami, tu sais que j'ai pour principe de chercher la vérité en tout.

— Eh bien! je pense que la vie moderne est trop touffue pour la mettre en drame. Il y a des causalités, des phénomènes de milieu, des complications de sentiment, des descriptions matérielles et spirituelles, des sondages physiologiques et psychologiques qui ne s'accommodent pas de la scène. Tu t'es débattu contre cette difficulté. Tantôt tu l'as tournée, ce qui produit des lacunes ; tantôt tu t'es rué sur elle, ce qui engendre des violences. Malgré tout ton talent, tu n'as pu venir à bout du monstre. Ton intrigue est obscure, les personnages mal expliqués, ta conclusion peu naturelle. Et cependant, que d'observations! quels éclairs d'analyse! quelle force de pénétration! quelle langue! Ah ! pour t'en être tiré ainsi, en dépit des obstacles, il faut que tu sois un rude lapin! Mais que veux-tu faire? A l'impossible nul n'est tenu. A ta place, je refondrais tout cela, j'allongerais, j'éclaircirais, je développerais, je prendrais toutes mes aises, j'agrandirais mon cadre à la taille de mon idée. Je ferais de mon drame un roman.

— Il a raison, reprit le chœur, il a raison. Voilà le joint. Il faut faire un roman de *Bonjour, Monsieur !*

L'opinion était unanime. Bruat était trop sincère pour ne pas s'y ranger. Héroïque, il jeta son drame au feu, et se mit à faire le roman.

Il passa dix ans à y travailler. Ce fut pour lui le moment de l'apothéose. Il eut plus de prophètes qu'un bon Dieu. Les uns l'exaltaient par réelle admiration. D'autre, plus malins, pensant qu'il ne ferait jamais rien de sa vie, colportaient son éloge parce qu'il ne leur semblait pas dangereux. Les critiques se servaient de son nom pour écraser les auteurs qui produisaient. Les journalistes à bout de copie trouvaient des lignes de remplissage dans l'annonce de son roman, dans les anecdotes sur son travail, dans les mille et une transformations de son œuvre. Les ignorants, les imbéciles, les répéteurs de banalités, parlaient de lui parce qu'on en parlait, sans savoir au juste pourquoi. Il devint aussi connu que l'obélisque.

Toutefois on finit par se lasser d'attendre. Des générations passèrent, et l'écho de sa gloire alla s'affaiblissant de l'une à l'autre. A soixante ans, il était presque oublié. On ne citait plus son nom que de loin en loin, et encore, comme le nom d'un excentrique, presque d'un toqué. On se rappelait vaguement qu'il travaillait à un grand roman, mais on doutait qu'il le terminât un jour, ou plutôt on était sûr qu'il n'en viendrait jamais à bout. Même on ne parlait plus qu'avec un sourire de cette gigantesque besogne, de ces vingt volumes qui voulaient *résumer* tout notre monde, de cette création qui devait être la Babel et le *pandémonium* de la vie moderne.

On aurait ri bien plus encore si l'on avait su à quoi Bruat occupait sa vieillesse.

Le malheureux l'avait fini, ce formidable roman. Il avait écrit la matière de vingt-sept volumes sous son titre mirobolant : *Bonjour, Monsieur!* Mais à la fin de son labeur, effrayé d'en avoir dit si long, il n'avait pas osé affronter l'épreuve de la lecture. Alors, il s'était mis à abréger, à couper, à condenser. A force de condenser, il en était venu à réduire cette bibliothèque peu à peu, d'abord en dix volumes, puis en cinq, puis en deux, puis en un. En fin de compte, il avait tout ramassé dans une nouvelle de cent pages.

Ferdinand Octave Bruat était alors âgé de quatre-vingts ans. Il n'avait plus qu'un ami, confident de son ambition toujours aussi vivace.

— Publie donc ta nouvelle, disait l'ami. Je te jure qu'elle fera un trou dans le monde. C'est le parangon de la *modernité*.

— Non, non, répondait Bruat, je ne suis pas encore arrivé au point de condensation que je désire. Vois-tu, je connais mon métier, je connais le public. Pour faire œuvre qui dure, pour empoigner, pour laisser une note à la postérité, il faut faire intense. Faire intense, tout est là. Cent pages, c'est trop délayé. Dans mon inspiration juvénile, j'avais trouvé la vraie forme de ma pensée, une forme brève, précise, ciselée, étroite, enserrant l'idéal comme un corset et comme une cuirasse, je veux dire le sonnet. Ah! si je me rappelais mon merveilleux sonnet d'autrefois! Mais il était encore trop lâché. Aujourd'hui je ferai mieux. Mon expérience entière entrera là dedans. Que je puisse vivre encore une dizaine d'années, et les hommes verront ce que peuvent exprimer quatorze vers, et la postérité pourra connaître notre vie moderne si vaste dans ce poème si petit, comme on respire une essence subtile enfermée dans le diamant d'une bague!

Il vécut les dix années demandées, et la nouvelle fut abolie comme le roman, comme le drame; et lentement, vers par vers, mot par mot, lettre par lettre, fut écrit le sonnet colossal qui devait tout contenir.

A quatre-vingt-douze ans, Ferdinand Octave Bruat se coucha pour mourir. L'ami fidèle était à son chevet, pleurant, sanglotant, désespéré de voir s'éteindre une si haute intelligence.

— Ne pleure pas, mon ami, dit Bruat, ne pleure pas! je meurs, mais mon idée ne mourra pas avec moi. J'ai déchiré mon sonnet premier, j'ai brûlé mon drame, j'ai brûlé un à un les vingt-sept volumes de mon roman, puis les dix, puis les cinq, puis les deux, puis le seul et unique, puis la nouvelle. Mais enfin j'ai fait mon chef-d'œuvre.

— Le sonnet! le sonnet suprême! Donne, donne! Tu ne me l'as pas lu, mais je sais que c'est l'œuvre par excellence. Donne, je le publierai, je me ruinerai s'il le faut pour qu'il paraisse gravé sur de l'or en lettres de diamants. Il le mérite, il éblouira le monde. Donne!

— Le sonnet! quel sonnet? balbutiait Bruat en râlant.

— Mais ton grand sonnet! soupira l'ami qui voyait arriver le délire de l'agonie.

— Ah! oui, oui, le sonnet, le grand sonnet. Trop grand, mon ami, trop long! Il faut faire intense.

— Quoi! aurais-tu brûlé aussi ton dernier sonnet?

— J'ai trouvé mieux. J'ai trouvé tout. La vie moderne, la modernité, je la tiens, je l'ai, je l'exprime. Elle n'est ni dans un sonnet, ni dans un quatrain, ni même dans un vers. Elle est...

La voix s'affaiblissait, devenait rauque, sifflante, perdue.

L'ami, les yeux hagards, la bouche béante, se pencha sur le lit pour boire la dernière parole, la parole qui déchirerait les voiles, la parole qui donnerait la clef du mystère, le Sésame ouvre-toi de l'art à venir.

— Parle, parle, disait-il.

— Tout dans un mot, tout dans un mot, murmurait Bruat.

Et le vieillard se redressa dans un soubresaut d'agonie. Son regard était extatique. On sentait que sur le seuil de la mort il voyait l'idéal rêvé. Il fit un effort terrible pour l'exprimer, et le mot extraordinaire sortit de ses lèvres avec son dernier souffle.

Il expira en disant : *Bonjour, Monsieur!*

LA MACHINE A MÉTAPHYSIQUE

A Paul Bourget

I

> Fiat lux !
> Un inconnu.

Pourquoi dit-on que je suis fou ?

Parce que je ne vis pas absolument comme tout le monde, parce que je ne joue pas mon rôle de mouton de Panurge, parce que je reste enfermé des semaines, des mois entiers, est-ce une raison pour m'appeler fou? Sait-on pourquoi je vis ainsi? Quelqu'un s'est-il demandé ce que je faisais dans ma solitude? Et si quelqu'un a voulu le savoir, et si je n'ai point voulu le dire, est-ce une raison pour m'appeler fou?

Je crois au contraire être un sage, grâce à la vie que j'ai toujours menée, grâce surtout à l'idée que j'ai conçue dans cette vie. Certes, quand cette idée commença de naître en moi, je n'étais point fou.

J'avais beaucoup lu, beaucoup étudié. Les philosophes m'attiraient particulièrement. Mais je n'aime pas les philosophes de nos jours; car ils ne sauraient être vraiment philosophes. Pour concevoir un système, il faut la vie contemplative, solitaire, absorbée. Or, comment voulez-vous trouver ces conditions d'étude dans notre monde remuant, où l'on respire par tous les pores la distraction? Je me plaisais donc au commerce des philosophes anciens. Par un raffinement d'étude, je recherchais ceux dont les œuvres mutilées ne nous sont arrivées que par fragments, ou à travers des traductions: Leucippe, Démocrite, Empédocle, Héraclite, Parménide. J'éprouvais une joie singulière à reconstruire ces vieux systèmes à l'aide des débris qui en restent, comme Cuvier a reconstruit avec quelques os les espèces antédiluviennes. Les hommes qui s'occupent de ces choses pourront seuls comprendre le bonheur que j'eus à retrouver ainsi la théorie des Homéoméries d'Anaxagore et quelques autres. A côté de ces fragments, je chérissais aussi les systèmes complets, mais si obscurs, des mystiques et des théologiens, subtiles profondeurs où plonge avec délices un esprit rompu aux exercices métaphysiques. Les Alexandrins, Plotin, Porphyre et Jamblique, m'ont ravi ; et j'ai goûté des voluptés ineffables avec saint Anselme et saint Thomas d'Aquin.

Si je parle de toutes ces lectures, dont la moindre suffit à prouver un savant, ce n'est pas pour en tirer vanité ; c'est d'abord pour montrer que j'étais simplement un travailleur et non un fou ; et c'est surtout pour expliquer comment naquit en moi l'idée dont je parlais tout à l'heure. Voici !

Dans toutes ces lectures je remarquai une chose, qui est le point de départ de mon système : à savoir qu'au milieu des hypothèses cosmogoniques et théologiques, l'esprit humain se meut moins par raisonnement que par intuition. Il ne s'agit point ici de syllogismes, puisqu'on ne va pas du *connu contenant* à *l'inconnu contenu*. Il s'agit de poser *l'inconnu contenant*, c'est-à-dire, en d'autres termes, de voir l'absolu. Prouver ne signifie rien ; il faut voir. On voit ou on ne voit pas. Je l'expérimentais à chaque instant sur moi-même. Telle affirmation, où jusqu'alors je n'avais pu saisir aucun sens, s'illuminait tout à coup pour moi après une longue méditation. L'absurde devenait une vérité évidente. J'éprouvais ce que devrait ressentir un aveugle, à qui l'on aurait longuement expliqué les couleurs sans pouvoir lui rien faire entendre, et dont les yeux s'ouvriraient soudainement.

Si je comprenais par ce procédé les vérités métaphysiques, c'est donc qu'elles avaient aussi été découvertes par ce procédé : tel fut mon premier pas. J'en inférai que l'absolu était pour nous non une conclusion, mais une apparition. Un fait, au premier abord bizarre et déraisonnable, me donna raison : je veux parler du sens extra humain que prennent parfois les mots. Un mot, un assemblage de mots, une phrase, est là, devant moi; cela fait une absurdité; on dirait des hiéroglyphes; je répète le mot, la phrase, sans plus y attacher aucun sens; je cloue en quelque sorte mon esprit à la forme matérielle du mot, à l'image des signes alphabétiques, au son des syllabes; une semaine, un mois, plusieurs mois de suite, il m'arriva de me faire ainsi volontairement hanter par une absurdité incompréhensible; un beau jour, le sens humain de cette absurdité s'oblitérait, la forme et le son du mot se faisaient symboles, et je comprenais l'incompréhensible.

J'avais trouvé la clef de la métaphysique.

Je ne raconterai pas comment peu à peu l'idée se précisa au point de se condenser en théorie. Outre que cela serait trop long, il y a dans les lentes et ténébreuses transformations d'une idée tout un labyrinthe de réflexions dont on perd le fil quand on en est sorti. Après avoir montré comment je fus conduit à la porte de ce labyrinthe, je dirai seulement ce que j'ai trouvé à la sortie : mon système de la *Métaphysique sensible.*

Jusqu'ici, dans l'homme, on n'a considéré que trois choses : les sens, la conscience et la raison. Pour rendre plus claire la suite de mon discours, j'appellerai les sens proprement dits sens externes, en tant qu'ils s'appliquent aux objets extérieurs, et je réunirai la conscience et la raison sous le nom de sens internes, en tant qu'ils s'appliquent l'un et l'autre au moi et à ses modifications.

L'erreur métaphysique qui pèse encore sur nous devient ainsi palpable : les matérialistes appliquent les sens externes, et les spiritualistes les sens internes, à l'absolu. Or, l'absolu n'est ni dans les objets extérieurs ni dans le moi. De là l'impuissance des recherches humaines sur l'absolu, impuisssance qui a été constatée de tout temps. Les sceptiques ont tranché la question en niant la métaphysique. Les chercheurs sincères ont essayé de sortir de l'erreur, les mystiques par l'extase, et les théologiens par la foi. Mystiques et théologiens étaient dans le vrai en cherchant un moyen nouveau ; mais les uns et les autres retombaient dans l'erreur en soumettant l'extase et la foi aux procédés de la raison.

Un seul homme, avant moi, a soupçonné le procédé infaillible qui mène à l'Absolu. C'est le théologien Thomassin, qui a écrit ces mots :

Mens, sola sibi reddita, naturæ suæ ingenium et præstantiam totam obtinens, naturaliter ominatur SENTIT *que summum aliquid et* INEXCOGITABILE *principium.*

L'âme, rendue à elle-même, seule, en possession de tout son être et de toute sa puissance, perçoit naturellement et SENT *ce quelque chose, ce principe souverain* INACCESSIBLE A LA RAISON.

Les mots sont précis, et je crois que l'intelligence la plus vulgaire les peut comprendre. Cette phrase rendra tout à fait simple ce qui me reste à dire pour compléter ma théorie, qui peut maintenant s'exposer dans une seule affirmation :

A côté des sens externes et des sens internes, il y a un autre sens, à la fois interne et externe, saisissant son objet comme les sens externes, immatériel comme les sens internes, mais n'ayant rien de commun avec les uns et les autres, et qui est le SENS DE L'ABSOLU.

Mais que dis-je? qu'ai-je écrit là ? En vérité, la peur me prend. J'ai tenu mon esprit aussi calme que j'ai pu, pour expliquer simplement ma découverte. Maintenant que cela est fait, je suis terrifié. Ai-je bien lu ce que je viens d'énoncer? C'est comme si j'écrivais que l'homme a un troisième œil ! C'est pis encore ! j'ai écrit que l'homme avait un nouveau sens. Monstruosité ! Il me semble que j'entends rire autour de moi. On dit fou, fou, fou ! Je suis bien lucide, cependant. Mon cerveau est sain, j'en suis sûr. Non, je ne suis pas fou, ce n'est pas vrai. Je vois. Je vois, vous dis-je. Mais ils ne voudront pas croire que je vois, puisqu'ils sont aveugles. Malheur! malheur! qui donc m'écoutera sans rire? Comment montrer *cela ? Cela* est néant pour eux. Les yeux ne le voient point. Les oreilles ne l'entendent point. Les mains ne le touchent point. La conscience n'en parle point. Horreur! la raison elle-même ne le peut point comprendre. Ah! tu vois bien, tu avoues que tu es sorti de la raison ; tu es fou! Non, non, mille fois non. Qui donc m'appelle fou ? Vous mentez ! Tout le monde rit, n'est-ce pas ? Eh bien! si je suis fou, je le serai jusqu'au bout; j'en mourrai s'il le faut; mais, ce que je vois, vous le verrez aussi. Mon sens de l'absolu est là, il vit, il est. Ce sens nouveau, je l'exercerai, je lui sacrifierai tout, j'écrirai les choses qu'il me révélera, et ces choses seront si prodigieuses, si resplendissantes, si vraies, que le monde sera ébloui. Il faudra bien qu'on m'écoute, quand on entendra l'*Apocalypse évidente!*

L'analogie m'offrit immédiatement le moyen d'exercer vigoureusement ce nouveau sens. Je remarquai que les aveugles ont le sens du toucher extrêmement délicat, et que les sourds en revanche arrivent à comprendre par les yeux, au mouvement des lèvres, les mots qu'ils n'entendent pas. Il devenait facile d'en conclure que l'atrophie d'un sens profitait aux autres.

Je compris alors pourquoi les prêtres de Bouddha s'astreignent à l'immobilité solitaire et silencieuse, et je ne trouvai plus ridicule la position de ces voyants absorbés par leur nombril. Ils cherchent dans l'extase contemplative l'oubli du monde sensible. Malheureusement l'extase ne dure pas; et, malgré leur héroïsme, ces immobiles ont des sensations dans l'intervalle des accès cataleptiques. Puis, n'eussent-ils même que des sensations indistinctes et confuses, ils ont toujours à l'intérieur la Conscience et la Raison qui travaillent, et ainsi ils sont perpétuellement distraits, sinon par les sens externes, au moins par les sens internes.

Il fallait donc trouver un état dans lequel l'esprit ne serait occupé ni de sensations ni de pensées.

Était-ce possible ?

Pour les sensations, oui. Rien de plus facile, avec une volonté ferme et résolue, que de se rendre aveugle, sourd et muet. C'est une affaire de nerfs à paralyser, rien de plus. Le jour où je voudrais, je pourrais me priver de mes sens, en ne conservant du toucher que ce qu'il en faut pour écrire dans l'ombre mes visions. Ainsi j'arriverais à n'avoir plus que des souvenirs de sensations qui s'effaceraient peu à peu dans une mémoire laissée sans culture de ce côté.

Pour les pensées, la chose devenait moins facile. Cesser de penser, n'est-ce point cesser d'être ? Oui, au sens vulgaire du mot ; mais non, au mien. Qu'avais-je besoin des modes de penser en usage ? Que m'importait le raisonnement sous toutes ses formes ? Donc il fallait cesser de penser, ou du moins penser le moins possible. Pour cela, pour me guérir de cette maladie, j'avais le remède tout prêt dans l'idée fixe. L'idée fixe, c'est l'atrophie de toutes les idées au profit d'une seule. Cela rentrait dans mon régime d'atrophie des sens.

Ce régime, qui allait devenir le mien, se réduisait donc à ceci : annihiler, autant que faire se pourrait, tous mes sens internes ou externes, pour laisser le jeu libre et pour donner une excessive acuité au sens de l'absolu.

Restait, avant d'entreprendre le grand œuvre, à préciser les circonstances où ce sens avait le plus de vigueur et le plus de commodité à s'exercer. Mes réflexions et mes recherches furent longues sur ce point. Un souvenir de ma jeunesse me mit sur la voie de ce que je désirais trouver. Quelque délicate que soit la matière de ce souvenir, j'ose y insister dans l'intérêt de la science, et pour bien faire comprendre le moyen que je crus devoir employer.

Tout le monde sait qu'il y a dans la jouissance nerveuse un instant très court, et par conséquent très peu étudié, pendant lequel l'être tout entier se fond comme un fil de métal dans un courant électrique. Il y a là comme un éclair où l'homme s'abîme dans la substance, dont il est à ce moment en quelque sorte le conducteur. La création tout entière vit dans cet éclair; et c'est, si je puis m'exprimer ainsi, le microcosme de l'absolu. Je trouvai cette subtile explication en me rappelant la sensation elle-même.

D'autre part, je considérai que cet instant est, comme je l'ai dit, un éclair, et qu'il n'y a aucun moyen de faire durer cette espèce d'éclair. Mais je fis attention que la jouissance nerveuse a cette propriété étrange, non en tant qu'elle est jouissance, mais en tant qu'elle est nerveuse. Les Orientaux ont bien saisi cela, eux qui se mettent dans l'extase par la douleur. Dans la douleur nerveuse, en effet, si l'éclair est moins vif, il est plus durable. On peut produire ainsi un ébranlement dans lequel tout s'annihile, une sorte de courant qui fond tout l'homme. C'est alors précisément le cas où l'esprit effaré peut être tout à l'absolu.

Je n'avais plus qu'à imaginer un genre de douleur nerveuse continue, assez puissante pour me jeter dans cet état, et un appareil qui, tout en m'empêchant d'échapper à cette douleur, me permît d'écrire mes visions. Le genre de douleur auquel j'arrêtai mon choix fut l'agacement prolongé des nerfs dentaires, et ce choix m'inspira en peu de temps l'appareil ingénieux dans lequel je vais m'asseoir tout à l'heure.

Ainsi, maintenant, voilà qui est bien décidé : je vais me livrer à l'absolu. Depuis quinze ans que j'ai conçu mon système et mis à exécution mon régime, je crois que je suis enfin dans l'état nécessaire pour tenter les dernières et grandes expériences. Je me suis fait toutes les mutilations qu'il fallait. Je suis aveugle et sourd. Je n'ai point dit un mot depuis quinze années. J'ai renoncé à l'usage des sens grossiers et imparfaits, y compris la Conscience et la Raison, qui pouvaient gêner mon sens nouveau. Je n'ai gardé du vieil homme que l'attention et la volonté. Je sais écrire dans l'ombre. J'y écrirai les mots de lumière.

Ma première expérience durera environ une

heure. Il est à présent sept heures du matin. Mon vieux domestique arrivera dans ma chambre à huit heures. Là, il trouvera écrits mes ordres, ainsi qu'il en a l'habitude tous les jours. Dans ces ordres, je lui dis de descendre à cette salle basse de mon château, où il n'est jamais entré, et je lui indique le moyen de me faire sortir de l'appareil, s'il me trouvait évanoui. J'écris ici tous ces détails afin de bien constater que j'agis en pleine liberté et sachant parfaitement ce que je fais.

Comme je pourrais mourir aussi pendant l'expérience, j'ai tenu à relater brièvement et clairement l'histoire de ma théorie. C'est par la même raison que je vais maintenant décrire mon appareil métaphysique, ne voulant en aucun cas laisser de mystère après moi.

C'est un fauteuil machiné dont j'ai agencé moi-même toutes les parties. Mes jambes seront tenues immobiles par une gaine dans laquelle je les introduirai en m'asseyant. Une fois assis, je placerai mon bras gauche sur le bras du fauteuil, et ma tête le long de l'oreillette de droite. Dans cette position, j'ouvrirai la bouche, qui sera maintenue ouverte par un solide tampon de fonte recouvert de gomme élastique où je puisse mordre sans me briser la mâchoire. Du côté de l'oreillette, dans l'interstice que fera l'ouverture de ma bouche, je placerai le petit mécanisme qui doit produire la douleur, et qui est composé d'une vrille à mouvement rapide et continu. Cette vrille devra s'enfoncer dans une dent creuse, dont je souffre, de façon à faire un demi-centimètre de chemin pendant l'heure. Un autre mécanisme fera courir lentement sous ma main droite, libre à partir du poignet, un rouleau sur lequel j'écrirai au fur et à mesure ce que je verrai. Pour éviter la lâcheté naturelle à l'homme, et qui pourrait m'inciter à arrêter le mécanisme de la vrille, j'ai arrangé le tout de la manière suivante. Un bouton est situé à portée de ma main gauche. A une pression que j'exercerai, la machine obéira. Je serai soudain rivé au fauteuil par des attaches de fer qui entoureront mes bras et fixeront ma tête, et en même temps les deux mécanismes fonctionneront. Une fois partis, il me devient impossible de les arrêter. Le mouvement est monté pour une heure.

. . . .
. . . *J'y suis. — Tout va bien.* . . . .
. . *J'écris ceci sur le rouleau, pour essayer.* . .
. . . *Douleur atroce.— Bon.—Commencement.—*

. . . . *J'attends.* . . . .

. . . . *Joie.* — *Horreur.* — *Absolu.* — *Absolu.* — *Des mots ?*

Je vois enfin. — *Inexcogitabile.* — *Fou.* — *Fou.* — *Fou.*

. . . . *Joie.* — *Joie.* , ...

Des mots pour dire. — *Évident.* — *Parbleu.* — *Oui.*

. . . .

. . . .

. . . . *Assez.* — *Triangle.* — *Assez.* . . . . .

. . . . *Absolu.* — *Voici.* — *Enfin.* — *Voici.* — *Voici.*

. . . .

. . . .

II

A huit heures, le vieux domestique entra dans la chambre de son maître, y trouva les ordres écrits et descendit à la salle basse.

Le fou était dans son fauteuil. Il était mort. Ses jambes convulsées avaient tordu la gaine sans pouvoir en sortir. Le poignet de sa main gauche était tout déchiqueté par le gantelet de fer qu'il avait secoué en vain. On voyait les tendons à nu, raides comme des cordes à violon. Le bras droit était retenu de l'épaule au coude, mais s'était dégagé du coude au poignet; et la main, ne pouvant arriver jusqu'à la tête, s'était collée à la poitrine, qu'elle avait labourée à coups d'ongles, et dans laquelle deux doigts tordus étaient entrés jusqu'à la première phalange. La tête, renversée et maintenue par l'oreillette, était hideusement grimaçante. Une écume sanglante coulait des gencives. Les dents avaient traversé le caoutchouc et s'étaient cassées en mordant la poire d'angoisse.

Le rouleau marchait encore, et la vrille continuait dans la dent trouée à faire implacablement son grincement imperceptible : *bzi, bzi, bzi.*

C'était le rire de l'absolu.

DESHOULIÈRES

A Raoul Ponchon

> Dans ces prés fleuris
> Qu'arrose la Seine,
> Cherchez qui vous mène,
> Mes chères brebis.
>   Mad. Deshoulières.

Il s'appelait Deshoulières, et il le regrettait.

Il avait tort; car c'est sans doute à l'horreur de ce nom et des banalités qu'il rappelle, que Deshoulières dut sa passion singulière pour l'originalité.

Or, comme original, il fut complet et rare.

Après avoir touché un peu à tout, aux arts, aux lettres, aux plaisirs, il en était arrivé à se créer un idéal qui consistait à chercher en tout l'*imprévu*.

Au premier abord, cela ne paraît pas bizarre, et cette théorie semble indiquer seulement un esprit curieux, ennemi du commun, désireux du nouveau, comme sont les véritables créateurs.

Mais l'étrangeté commençait en ceci, que Deshoulières avait fait de cette théorie la règle de sa conduite journalière, et la pratiquait dans le commerce du monde, où il la poussait jusqu'aux derniers confins de l'excentrique.

Il était devenu le dandy de l'*imprévu*.

.·.

Ainsi, trouvant que l'originalité ne se rencontre que par les changements, il avait formulé cet axiome, qu'on ne doit jamais se ressembler à soi-même, surtout physiquement. C'est ce qui explique les variations extraordinaires de son costume, de ses allures, de sa voix, même de sa physionomie. Grâce à l'art des postiches et du grime, il se faisait chaque jour une tête différente, et vivait comme un Protée.

Son esprit était aussi mobile qu'un kaléidoscope, et il y secouait en guise de verres colorés les paradoxes les plus invraisemblables, mêlés aux lapalissades les plus monstrueuses, ce qui faisait en réalité un éblouissement de mots, d'idées, d'images, de raisonnements, capable d'aveugler les gens qui voulaient voir clair dans cette intelligence fantasmagorique.

.·.

D'ailleurs, un être admirablement doué.

Solide, bien bâti, il avait environ deux pieds de plus que les vers de sa déplorable homonyme, et on devinait sous ses figures d'emprunt une beauté moderne. Des facultés merveilleuses lui servaient à s'assimiler toutes les vertus comme tous les vices, toutes les sciences comme tous les arts. On connaissait de lui des actes d'héroïsme et des lâchetés, des tours de force et des évanouissements, des bouts de vers et de prose incomparables, des brins de mélodie neuve, des ébauches où se devinait la touche d'un maître futur. Il avait en puissance tout le génie humain.

Mais il ne poussait rien à fond, sous prétexte que le fond était banal. Il se contentait de dire qu'il savait bien pouvoir être grand homme, grand poète, grand musicien, grand artiste, et qu'il y renonçait par dégoût de ces grandeurs trop vulgaires pour lui.

— Tout cela, disait-il, est vieux comme les rues. Je ne trouverais rien de neuf à être le dieu de mon siècle, puisque je le suis. Ah! cela m'amuserait d'être ce dieu, si j'étais une brute! Et encore! cela s'est déjà vu.

Il passait en général pour un fou. Quelques-uns pourtant le considéraient comme une sorte d'Antechrist.

Mais cet Antechrist était trop subtilement excentrique pour croire en lui-même.

— Si Dieu existait, dit-il un jour, et si c'était moi, je ne serais pas assez bête pour ne pas me prouver que je ne suis pas.

*
* *

Avec de telles théories, Deshoulières ne pouvait évidemment vivre qu'à Paris et de notre temps; et il y aurait sans doute vécu tranquillement de longues années, inquiétant seulement quelques amis, amusant la foule, ni plus ni moins qu'un simple Gagne, s'il n'avait pas été vraiment l'homme de génie qu'il était.

Un original ordinaire n'aurait pas eu, en effet,

l'idée de commettre l'excentricité suprême qui lui coûta la vie.

Il imagina de tuer sa maîtresse, de l'embaumer et de continuer à être son amant.

Le crime fut perpétré avec une telle science, une telle *nouveauté* de précautions qu'il demeura inconnu.

Le secret de cette monstruosité sadique fut précisément ce qui sembla banal à Deshoulières. Il trouva qu'il n'y avait pas grande originalité à être monstre et à échapper à la justice. Il se dénonça lui-même, sans remords d'ailleurs, ce qui était essentiellement *imprévu*.

Il n'y eut qu'un cri d'horreur dans tout Paris, et tous les yeux furent aussitôt fixés sur Deshoulières.

*
* *

C'était le moment, ou jamais, de n'être pas commun, et il s'agissait maintenant de trouver l'*imprévu* au milieu des vulgarités de la prison, de la Cour d'assises, de la guillotine. Deshoulières ne faillit pas à sa *mission*.

A Mazas, il ne s'occupa ni de sa défense, ni de sa popularité malsaine, mais de réduire en corps de doctrine les mystères du magnétisme animal, et de traduire ce traité de philosophie ardue en sonnets monosyllabiques. Au bout du troisième sonnet, il y renonça après s'être convaincu que c'était *possible*.

* * *

Devant le tribunal, il fut prodigieux.

Son avocat, un des plus illustres, piqué au jeu par la difficulté de la cause et l'indifférence du client, fit un plaidoyer sans pareil qui ébranla le cœur du jury et dérouta les arguments du procureur. Il y avait une telle abondance de preuves irréfutables, un tel courant de pitié, une éloquence si victorieuse, que l'innocence de Deshoulières fut établie pour tout le monde, et son acquittement assuré.

Le président avait les larmes aux yeux quand il demanda à l'accusé s'il avait quelque chose à ajouter pour sa défense.

— Messieurs, dit Deshoulières, je désire d'abord

adresser mes compliments les plus sincères à mon défenseur qui vient de faire le chef-d'œuvre de l'éloquence judiciaire française. Je n'ai à lui reprocher qu'un passage de son admirable discours.

Et Deshoulières, reprenant en sous-œuvre un des arguments présentés par l'avocat, en fit jaillir des lueurs nouvelles et acheva de conquérir la sympathie de l'auditoire.

— Malheureusement, continua-t-il, je n'ai pas autant d'éloges à faire à monsieur le procureur de la République, qui m'a semblé au-dessous de la tâche formidable que lui confie la société.

Le tribunal eut un mouvement de surprise, le procureur un sursaut de dépit, et le jury commença à n'y plus rien comprendre.

Mais ce fut bien autre chose, quand Deshoulières, après avoir noté tous les raisonnements faibles du procureur, se mit à refaire de fond en comble le réquisitoire. Et avec quel feu ! avec quelle verve ! avec quelle puissance ! Il replaça dans leur vrai jour toutes les hideurs de son crime, il détruisit pièce à pièce l'échafaudage de la défense, il prouva enfin sa culpabilité d'une façon magistrale qui ne laissait subsister aucun doute. Les convictions furent retournées par lui comme de vieux gants, et il obtint ce qu'il voulait : le résultat *imprévu* de se faire lui-même condamner à mort.

⁂

Il passa les derniers moments de sa vie à inventer un nouveau pas de danse et une sauce pour les huîtres.

Quand le prêtre vint le confesser avant le moment solennel, il exigea, pour céder, que le prêtre se confessât d'abord à lui ; et, cela fait, il ne se confessa point, mais se contenta de dire à l'aumônier :

— Dans votre discours de tout à l'heure, vous avez cité une phrase de saint Augustin. Elle est de Tertullien, au neuvième paragraphe de son *De cultu fœminarum*. Allez en paix, mon fils, et ne citez plus !

Malgré ces airs folâtres et sa force de caractère, Deshoulières fut inquiet quand il vit la guillotine.

Non qu'il en eût peur ! Mais il redoutait une fin banale après une vie si excentrique. Il lui déplaisait de penser qu'il allait avoir le cou coupé, comme le premier venu, comme un vulgaire Tropmann. Il s'ingéniait à chercher comment il pourrait être guillotiné d'une façon *imprévue*.

Sans doute il trouva. Car sa figure, tandis qu'il montait les marches de la veuve, était éclairée par un sourire de joie.

Aussi se laissa-t-il boucler sans résistance sur la planche sinistre.

Mais, au moment où elle bascula, il fit un terrible effort, rompit les liens par sa force herculéenne, et se rejeta en arrière, en sorte que sa tête ne fut pas emboîtée jusqu'au cou dans la lunette de la machine.

Le ressort était poussé, on ne pouvait retenir le couteau, et Deshoulières eut le crâne décalotté comme un œuf à la coque.

*
* *

Il avait trouvé l'*imprévu* de la guillotine.

Il s'était fait couper la tête *aux enfants d'É-douard*.

FIN

TABLE DES MATIÈRES

Constant Guignard.   1
La Uhlane. 13
Juin, juillet, août 45
L'assassin nu. 53
Un empereur 79
La paille humide des cachots. 85
Georges la Sainte 93
Un sujet de chronique 107
'as de cœur. 121
. jambe de Fatma 133
.n lâche 147
Mademoiselle Brouillard 159
Le môme à la mère Antoine. 169
Le Disséqué 181
Le chef-d'œuvre du crime 205
Le chassepot du petit Jésus. 241
Bonjour, Monsieur. 257
La machine à métaphysique 271
Deshoulières. 291

FIN DE LA TABLE

F. Aureau. — Imprimerie de Lagny.

Maurice DREYFOUS, éditeur, 13, rue du Faubourg-Montmartre, Paris

ŒUVRES DE JEAN RICHEPIN

LA CHANSON DES GUEUX

Édition définitive, revue et augmentée d'un grand nombre de poèmes nouveaux, d'une préface inédite et d'un glossaire.
1 vol. in-18 jésus. 3 fr.

LA CHANSON DES GUEUX

Édition définitive petit in-12 colombier. Entièrement épuisée.

LES CARESSES

Édition définitive. 1 vol. petit in-12 colombier, papier teinté, édition de luxe, tiré à petit nombre. Prix . . . . 6 fr.

LES CARESSES

Première partie, *Floréal* ; — Deuxième partie, *Thermidor* ; — Troisième partie, *Brumaire* ; Quatrième partie, *Nivôse*. 1 vol. in-18 jésus . . . .

Il a été tiré quelques exemplaires sur papier de Hollande.
Cette Édition épuisée, sauf quelques exemplaires.

LES MORTS BIZARRES

Constant Guignard. — La Uhlane. — Juin, juillet, août. — Scaramouche. — Un empereur. — La paille humide des cachots. — Un lâche. — Le disséqué. — Le chef-d'œuvre du chassepot du petit Jésus. — Bonjour, monsieur ! — Le marchand à métaphysique. — Deshoulières. — 1 vol. in-18 jésus. 3 fr.

MADAME ANDRÉ

Septième édition, revue et augmentée d'une préface inédite. 1 vol.
Prix . . . . 3 fr.

LA GLU

Onzième édition. 1 vol. grand in-18 jésus. Prix . . . . 3 fr.

QUATRE PETITS ROMANS

LEUR DOCTRINE — LES PRÉTENDANTS
UNE HISTOIRE DE L'AUTRE MONDE. — LES DÉBUTS DE CÉSAR BORGIA
Cinquième édition, 1 vol. grand in-18 jésus. Prix . . . . 3 fr.

EN PRÉPARATION :

LES BLASPHÈMES

Paris. — Imp. TOLMER et Cie, 3, rue de Madame ; succursale à Poitiers. — 3030.

www.ingramcontent.com/pod-product-compliance
Lightning Source LLC
Chambersburg PA
CBHW071602170426
43196CB00033B/1533